电力营销现场作业安全手册

国网河南省电力公司市场营销部 编

图书在版编目（CIP）数据

电力营销现场作业安全手册 / 国网河南省电力公司市场营销部编 .—北京：中国电力出版社，2023.1

ISBN 978-7-5198-7120-8

Ⅰ.①电… Ⅱ.①国… Ⅲ.①电力工业－市场营销学－安全管理－手册 Ⅳ.①F407.615-62

中国版本图书馆 CIP 数据核字（2022）第 188565 号

出版发行：中国电力出版社
地　　址：北京市东城区北京站西街 19 号（邮政编码 100005）
网　　址：http://www.cepp.sgcc.com.cn
责任编辑：丁　钊（010-63412393）
责任校对：黄　蓓　马　宁
装帧设计：郝晓燕
责任印制：杨晓东

印　　刷：望都天宇星书刊印刷有限公司
版　　次：2023 年 1 月第一版
印　　次：2023 年 1 月北京第一次印刷
开　　本：710 毫米 ×1000 毫米　16 开本
印　　张：11.25
字　　数：174 千字
定　　价：48.00 元

编 委 会

前 言

电力营销现场作业具有作业场所分散、点多面广、新型业务多的特点，现场作业监督和安全管控难度大；营销作业多位于客户侧，存在与客户安全责任划分不清晰等诸多问题；长期以来，营销现场作业人员依照《电力安全工作规程》（变电、配电部分）开展工作，针对性不强，为全面规范营销现场作业流程和人员行为，落实国家电网有限公司“四个管住”（管住计划、管住队伍、管住人员、管住现场）工作要求，有效避免因现场违规作业导致的人身伤亡事故和设备事故的发生，依据国家电网有限公司营销部组织编写的《国家电网有限公司营销现场作业安全工作规程（试行）》，特制定本手册。

本手册由国网河南省电力公司组织编写，指导现场作业安全工作。其中第一章由国网济源供电公司负责编写，第二章由国网新乡供电公司负责编写，第三章由国网焦作供电公司和国网漯河供电公司负责编写，第四章由国网商丘供电公司和国网驻马店供电公司负责编写，第五章由国网洛阳供电公司和国网信阳供电公司负责编写，第六章由国网郑州供电公司、国网鹤壁供电公司和国网许昌供电公司负责编写，第七章由国网濮阳供电公司负责编写，第八章由国网南阳供电公司负责编写，第九章由国网平顶山供电公司编写。

由于编者水平有限，手册中难免出现疏漏或不足之处，敬请广大专家和读者指正。

目　录

第一章　通 用 安 全 知 识

第一节　作业人员基本要求

1. 作业人员经医师鉴定，无妨碍工作的病症（体格检查每两年至少一次）方可到岗工作。

【解读】营销现场作业人员应定期（每两年应至少进行一次体格检查；高处作业人员、特种作业人员必须每年进行一次体检）进行职业健康检查，而且应当由符合国家卫生部门规定资质的医疗机构的执业医师进行鉴定，无妨碍工作的病症方可到岗工作。

2. 作业人员需具备必要的安全生产知识，学会紧急救护法，特别要学会触电急救。

【解读】营销作业人员应当学会与专业有关的紧急救护法，便于现场紧急施救或自救。特别要学会触电急救，因为在营销现场作业过程中，发生触电伤害的概率较高，其致残程度或死亡与否，往往取决于现场紧急施救或自救的效果。

3. 工作人员在接受相应的安全生产知识教育和岗位技能培训后，需掌握营销现场作业必备的电气知识和业务技能，并按工作性质，经考试合格后上岗。

【解读】营销现场工作具有较强的专业性，从事营销现场作业的人员应掌握本专业的基本电气知识，具备岗位工作所需的业务技能，营销作业人员应通过安全思想教育、安全知识教育、安全技术教育和岗位技能培训，考试合格后，才能进行工作。

4. 作业人员应被告知其作业现场和工作岗位存在的危险因素、防范措施及事故紧急处理措施。设备运维管理单位在作业前应告知现场电气设备接线情况、危险点和安全注意事项。

【解读】 国家相关法律规定作业人员应享有被告知作业现场和工作岗位中危险因素、防范措施以及事故紧急处理措施的权利，体现了对作业人员人身安全的保护。设备运维管理单位熟悉其所管辖范围内的现场设备状况和接线情况等，有义务告知营销现场作业人员现场危险点和安全注意事项。

5. 现场作业人员在进入作业现场应正确佩戴安全帽，还应穿全棉长袖工作服、绝缘鞋。

【解读】 安全帽可防范头部物体打击、撞击，在试验室从事计量工作的可不佩戴安全帽。全棉长袖工作服有一定的阻燃和绝缘作用，并可防止电弧灼伤，隔离电热蒸气。绝缘鞋可保持对地绝缘。

6. 作业人员每年按照要求参加《国家电网有限公司营销现场作业安全工作规程》（以下简称《营销安规》）考试一次。因故间断电气工作连续三个月及以上者，应重新学习该规程，并经考试合格后，方可恢复工作。

【解读】 因为长期间断工作且未经重新学习，直接参与工作，很有可能发生伤害事件。所以要求营销现场作业人员应每年参加一次本手册考试，不断巩固电力安全知识。

7. 必须参加安全生产知识教育的人员包括新参加电气工作的人员、实习人员和临时参加劳动的人员，并经考试合格后，方可下现场参加指定的工作，但不得单独工作。

【解读】 新参加电气工作的人员、实习人员和临时参加劳动的人员（管理人员、非全日制用工等），通常还不具备必要的岗位技能和专业安全知识，因此参加现场工作前，应事先经过教育并考试合格后，在有经验的营销现场作业人员全程监护下，参加指定（技术较简单、危险性较小）的工作，并且不得单独工作。

8. 特种作业人员应按照国家规定的培训大纲，接受与本工种相适应的、专门的安全技术培训，经考核合格取得《特种作业操作证》，并经本单位书面批准后，方可参加相应的作业。

【解读】特种作业是指容易发生事故，对操作者本人、他人的安全健康及设备、设施的安全可能造成重大危害的作业。特种作业的范围由特种作业目录规定。

《特种作业人员安全技术培训考核管理规定》（国家安全生产监督管理总局令第 80 号）规定，直接从事特种作业的从业人员应年满 18 周岁，且不超过国家法定退休年龄，经社区或者县级以上医疗机构体检健康合格，并无妨碍从事相应特种作业的器质性心脏病、癫痫病、美尼尔氏症、眩晕症、癔病、震颤麻痹症、精神病、痴呆症以及其他疾病和生理缺陷。

特种作业人员（如起重、动火、带电作业等）必须经专门的安全技术培训并考核合格，取得《中华人民共和国特种作业操作证》后，方可上岗作业。

第二节　作业现场基本要求

1. 作业人员的劳动防护用品应合格、齐备，且作业现场的生产条件和安全设施等应符合有关标准、规范的要求。

【解读】生产条件应指安全生产条件，它贯穿于电力生产的全过程，对于保证电力生产的安全起着关键的作用。满足安全生产条件的要求是：生产经营单位的主要负责人应保证本单位安全生产所必需的资金投入；生产经营单位新建、改建、扩建工程项目的安全设施，应当与主体工程同时设计、同时施工、同时投入生产和使用；生产经营单位安全设备的设计、制造、安装、使用、检测、改造和报废，应当符合国家标准或者行业标准；生产经营单位应对安全设备进行经常性维护、保养，并定期检测，保证正常运转等。

安全设施是指生产经营活动中将危险因素、有害因素控制在安全范围内以及为预防、减少、消除危害所设置的安全标志、设备标识、安全警示线和安全防护设施等的统称。劳动防护用品是指由生产经营单位为从业人员配备的，使其在劳动过程中免遭或者减轻事故伤害及职业危害的个人防护装备。

2. 经常有人工作的场所应指定专人经常检查、补充或更换施工车辆上宜配备急救箱和存放急救用品。

【解读】营销现场作业工作场所存在各类危险因素，如触电、高处坠落、机械伤害、中暑、中毒、自然灾害等，相关危险因素未能得到有效控制时，会引发人员伤害或设备损坏等事件，故需要在经常作业的场所配备必要的存放急救用品的急救箱。施工车辆也宜配备急救箱。

3. 进出屏、柜、箱等现场设备的电缆及接线应有标识牌或编号，孔洞应用防火材料严密封堵。

【解读】进出屏、柜、箱等现场设备的电缆及接线外观、颜色大都相同或相近且往往电缆较长、数量较多，必须用标识牌或编号加以区别，确保电缆线的两头对应关系与设计图纸一致，防止电缆接线混乱，从而避免电力设备、电网及人身伤害事故发生。为防止小动物窜入、阻隔火灾扩大等，电缆孔洞应采用防火材料严密、规范封堵。

4. 设备运维管理单位应将配电站、开闭所[1]的井、坑、孔、洞或沟（槽）覆以与地面齐平而坚固的盖板，所有吊物孔、没有盖板的孔洞、楼梯和平台，应装设符合安全要求的栏杆和护板。

【解读】工作场所的井、坑、孔、洞或沟（槽）都应有与地面齐平且固定可靠的盖板，防止绊倒、坠落。盖板拉手可做成活动式，便于钩起。电力营销作业现场的吊物孔、没有盖板的孔洞、楼梯和平台，均应装设栏杆或护板，栏杆或护板的上边沿离地高度的最小值规定为1050mm，是根据一般人体重心的位置而定。

5. 检查、检修计量装置、充换电设备等的门应灵活开启，并开向朝外。

【解读】带门的计量装置（如计量箱）、充换电设备内部一般都装有带电的仪器仪表，为了避免门向内开导致触电和机械损坏等安全隐患发生，同时也为了充分利用带门的计量装置、充换电设备内部空间，要求门应开启灵活，朝向外开。

6. 进入 SF_6 装置室，应确认能报警的氧含量仪和 SF_6 气体泄漏报警仪无异

---

[1] 在国家标准中的名称应为开关站，因为《营销安规》中根据现场作业习惯仍延用开闭所的称谓。

常报警后，方可进入。入口处若无 SF_6 气体含量显示器，应先通风 15min，并用检漏仪测量 SF_6 气体含量合格。不宜一人进入 SF_6 配电装置室进行巡视，不准一人进入从事工作。工作区空气中 SF_6 气体含量不得超过 1000μL/L（即 1000ppm）。

【解读】 SF_6 装置室内安装氧含量仪和 SF_6 气体泄漏报警仪，目的是实时监测室内空气中的含氧量及空气中 SF_6 气体含量，一旦空气中的这两种气体满足不了规定的要求，会给进入室内的作业人员带来危险和伤害。由于 SF_6 装置室内的特殊环境，为避免不必要的气体中毒事件而导致的人员昏厥和伤害，因此不宜一人进入巡视，不准一人进入从事工作。

7. 客户线路在多电源和有自备电源的高压系统接入点，需有明显断开点。

【解读】 各类用电客户都可能有小型发电机、蓄电池室等自备电源，为防止在营销现场作业过程中可能发生的反送电情况，应在所有客户线路的高压系统接入点处、自备电源并网点处，设有明显断开点（如装设高压隔离开关、跌落式熔断器等设备）。

8. 现场作业过程中，要防止误入高压带电区域，无论设备是否带电，作业人员严禁擅自穿、跨越安全围栏或超越安全警戒线，不得单独移开或越过遮栏进行工作。

【解读】 现场设置遮栏或围栏，应将作业区域周围设置成禁止无关人员靠近的封闭区域，并按相应电压等级的安全距离、高处作业落物的半径等条件确定设置范围。工作中未经许可不准移动或改变其距离，更不准拆除遮栏（围栏），因为一旦移动或安全距离减小，甚至失去遮栏（围栏）阻隔，将起不到对作业区域的保护作用。

9. 现场工作开始前，应提前观察周围应急逃生路线指示和消防通道等，现场作业过程中不得进行和工作无关的作业。

【解读】 消防通道是指消防人员实施营救和被困人员疏散的通道，如楼梯口、过道，那里都装有消防指示灯。逃生路线是指现场发生突发事件时（如火灾、地震等紧急情况），现场人员快速疏散、逃生的路线。营销作业现场位于室内的，工作前特别要注意观察周围应急逃生路线指示和消防通道的指示牌或示意图。一旦有紧急情况出现时，可以顺利逃生，减少人员伤亡和设备损失。

10. 在夜间、雾天、地下、电缆隧道以及室内作业应在有足够照明条件下进行。

【解读】充足的照明，方便在夜间、雾天和室内的作业人员看清设备状况和规范操作，避免伤害和提高作业质量。

11. 金属计量箱的箱体、充电桩外壳等设备的接地电阻应合格。

【解读】为防止金属计量箱的箱体、充电桩外壳由于绝缘能力降低、漏电等情况造成操作人员触电，在接触低压金属计量箱体、充电桩外壳前，应先对金属外壳进行验电。

12. 对于风险较高的营销现场作业（如变电站、电厂内作业以及高压部位需停电并做安全措施的作业），宜开启视频监控设备，对工作现场进行监控。视频设备应放置合理、牢固，宜具备定位、实时对讲功能。视频设备宜与相关业务应用系统挂接，视频、音频的开启与录制宜满足相关监控需求。

【解读】在营销较高风险的作业现场设置视频监控，不仅提醒作业人员加强自我约束，而且管理人员可以及时提醒现场人员规范自身行为。作业现场周边或邻近带电设备，为了安全起见，要求视频设备应放置合理、牢固。在复杂的现场作业，现场作业人员可以通过音频通话得到远程技术支持，确保营销现场作业顺利完成。

第三节　作业现场安全组织措施

1. 现场勘察

（1）营销现场作业开始前，工作票签发人或工作负责人认为有必要现场勘察的，应根据工作任务组织现场勘察，并填写现场勘察记录。

【解读】有必要现场勘察的作业，是指工作票签发人或工作负责人对该作业现场的情况掌握、了解不够，需在作业前进行勘察的营销现场作业，并填写现场勘察记录。

（2）现场勘察应由工作票签发人或工作负责人组织，设备运维管理单位和

检修单位等相关人员参加。对涉及多专业、部门、单位的，应由项目主管部门、单位组织相关人员共同参与。

【解读】供电公司人员到客户设备上工作，应由作业班组和客户参与勘察，承包方（施工方）到供电公司设备上工作应由承包方（施工方）和设备运维管理单位共同参与勘察。

（3）现场勘察应查看现场作业需要停电的范围、保留的带电部位、装设接地线的位置、邻近线路、多电源、自备电源、地下管线设施和作业现场的条件、环境及其他影响作业的危险点，并提出针对性的安全措施和注意事项。

根据现场勘察结果，对危险性、复杂性和困难程度较大的作业项目，应编制组织措施、技术措施、安全措施，经本单位批准后执行。

【解读】根据现场勘察结果，针对现场勘察的重点内容（包括现场作业需要停电的范围、保留的带电部位、装设接地线的位置；工作地段邻近或交叉跨越的其他电力线路及弱电线路等情况等）；客户多路电源、并网小水（火）电及光伏发电、自备电源和低压电源有返送电可能的线路；设备的缺陷部位及缺损程度；现场作业的条件和环境等。以上勘察内容必要时应附图说明，并提出针对性的安全措施和注意事项。

（4）现场勘察后，现场勘察记录应送交工作票签发人、工作负责人及相关各方，作为填写、签发工作票等的依据。

【解读】现场勘察结果是填写、签发工作票，编制施工计划、组织措施、技术措施、安全措施和施工方案的重要依据。因此，现场勘察记录应送交工作票签发人、工作负责人及相关各方。

（5）开工前，工作负责人或工作票签发人需重新核对现场勘察情况，发现与原勘察情况有变化时，及时修正、完善相应的安全措施。

【解读】复杂现场作业受运行方式变更、恶劣天气、自然灾害、市政施工等因素影响较大，随时面临变化，因此开工前，工作票签发人或工作负责人要重新核对现场勘察情况，发现与原勘察情况有变化时，应及时修正、完善相应的组织措施、技术措施、安全措施或专项施工方案，确保施工安全。

2. 工作票制度

（1）营销现场作业工作票制度按照下列方式进行。

1）填用变电第一种工作票（见附录 B）。

在变电作业现场进行营销工作，且符合以下条件之一时，应填用变电第一种工作票。

① 高压线路、设备上工作，需要全部停电或部分停电者。

② 二次系统上的工作，需要将高压设备停电或做安全措施者。

③ 其他工作需要将高压设备停电或做安全措施者。

【解读】填用第一种工作票的工作主要是因作业人员与高压设备的安全距离不能满足安全要求，危及作业人员和设备安全需将高压设备全部或部分停电或采取安全措施的工作等。

2）填用变电第二种工作票（见附录 C）。

在变电作业现场进行营销工作，且符合以下条件之一时，应填用变电第二种工作票。

① 控制盘和低压配电盘、配电箱、电源干线上的工作。

② 二次系统上的工作，无需将高压设备停电者或做安全措施者。

③ 大于表 1-1 距离的相关场所和带电设备外壳上的工作以及无可能触及带电设备导电部分的工作。

表 1-1　　　　高压线路、设备不停电时的安全距离

电压等级（kV）	安全距离（m）
10 及以下	0.7
20、35	1.0
66、110	1.5
220	3.0

注　表中未列电压应选用高一挡电压等级的安全距离。电压等级数据按海拔 1000m 校正。

【解读】填用第二种工作票的工作主要是（包括人体、工器具、材料等）不触及带电设备，与高压设备的安全距离满足本手册表 1-1 的安全要求，不需要高压设备停电或采取安全措施的工作。

3）填用配电第一种工作票（见附录 D）。

在配电作业现场进行营销工作，需要将高压线路、设备停电或做安全措施者。

【解读】 填用配电第一种工作票的工作人员主要有配电现场相关从事营销现场作业（含低压工作及新建工程施工），因作业人员、设备、工器具、材料等与带电的线路或配电设备之间安全距离不能满足安全要求，导致带电作业无法完成或开展的，需要将高压线路、设备停电或做安全措施者。

填用第一种工作票的工作，应履行停电申请及审批手续，并依次执行停电、验电、装设接地线、悬挂标识牌和装设围栏等安全技术措施，经许可人许可后方可进行作业，作业结束后办理工作终结手续。

4）填用配电第二种工作票（见附录E）。

高压配电（含相关场所及二次系统）营销工作，与邻近带电高压线路或设备的距离大于表1-1规定，不需要将高压线路、设备停电或做安全措施者。

【解读】 填用配电第二种工作票的情况主要有：在配电作业现场进行营销工作，与邻近带电高压线路或设备的距离大于附表中表1-1规定的，不需要将高压线路、设备停电或做安全措施者，如更换台区关口电能表。

5）填用低压工作票（见附录F）。

低压线路、设备（不含在发电厂、变电站内的低压设备）上工作，不需要将高压线路、设备停电或做安全措施者。

【解读】 填用低压工作票的情况主要有：①低压配电工作（含新建工程施工），需要将低压线路、设备停电或做安全措施，但不需要将高压线路、设备停电或做安全措施者；②低压带电作业。

6）填用现场作业工作卡（见附录G）。

客户侧开展业扩报装、用电检查、分布式电源、充电设备检修（试验）、综合能源等相关工作，应填用现场作业工作卡。

【解读】 营销专业根据各专业实际工作情况，明确“现场作业工作卡”制度，具体填用方式见本手册第四～六章专业部分有关要求。

7）使用其他书面记录或按电话命令执行。

在开展不需要停电，不存在接触带电部位风险的抄表催费、客户现场安全检查、涂改编号等工作时，可不使用工作票或现场作业工作卡，但应以其他形式记录相应的操作和工作等内容。

其他记录形式包括派工单、任务单、工作记录等。

电话命令执行的工作应留有录音或书面派工记录。记录内容应包含指派人、工作人员（负责人）、工作任务、工作地点、派工时间、工作结束时间、安全措施（注意事项）及完成情况等内容。

【解读】 以上几类工作内容较为单一，在作业过程中人员不会触及带电部位，为简化书面作业流程，提高工作效率，规定可以采取预先发布口头、电话命令方式或作业前经临时请示批准方式开展作业，并根据工作性质采取相应安全措施，同时做好记录。

（2）工作票的填写与签发。

1）工作票由工作负责人填写，也可由工作票签发人填写。

【解读】 工作负责人是现场工作的主要组织者和实施者，并对现场的安全工作负责。工作票一般由工作负责人填写，工作负责人填写工作票后，工作票签发人应认真审核后签发。工作票签发人对工作票所列安全措施的正确性、完整性负全面责任，所以工作票也可直接由工作票签发人填写。变电站内作业，工作许可人根据现场实际情况在工作票上填写补充安全措施，由工作负责人负责。

2）工作票采用手工方式填写时，应用黑色或蓝色的钢（水）笔或圆珠笔填写和签发，至少一式两份。工作票票面上的时间、工作地点、线路名称、设备双重名称（即设备名称和编号）、动词等关键字不得涂改。若有个别错、漏字需要修改、补充时，应使用规范的符号，字迹应清楚。

用计算机生成或打印的工作票应使用统一的票面格式。

工作票的填写与签发可采用线上电子化的方式进行。电子化工作票的票面应清晰可见，工作票签发等相关手续应能够正常履行，其他填写要求与手工方式相同。

【解读】 如果工作票填写不准确、不清楚或任意涂改，在执行时可能由于识别或理解错误，导致安全措施不完善、工作任务不明确等，并危及人身、设备安全。

填写的工作票，内容应正确，字迹应工整、清楚，不得任意涂改。如有个别错、漏字需要修改时，应使用规范的符号，修改后的字迹应清楚。改错方式应采用校对方式，将错字圈掉，用引线在空白处改写正确字符，应可看出改前字样，不允许使用修正液等方式涂改，一份工作票上改错不可超过3处，关键

动词如“拉、合、拆、挂”等不可改动，设备编号也不准改动。

工作票应一式两份（如填写配电工作票进入变电站内工作时，应按所进入的变电站数量，各增填一份工作票），工作许可后，其中一份由工作负责人收执，作为其向工作班人员交代工作任务、安全注意事项、现场安全措施等的书面凭证，另一份留存工作许可人处，按值移交，作为掌握工作情况、安全措施设置的依据。

3）工作票应由工作票签发人审核，手工或电子签发后方可执行。

【解读】 为了保证工作票的正确性和严谨性，切实履行工作票签发人的安全责任，工作票应由签发人审核无误（确保工作票内容规范、安全措施完备可靠、工作负责人和工作班成员胜任工作要求），手工或电子签名后，方可执行。

4）电网侧营销现场作业，工作票由设备运维管理单位签发，也可由经设备运维管理单位审核合格且经批准的检修（施工）单位签发。检修（施工）单位的工作票签发人、工作负责人名单应事先送设备运维管理单位、调度控制中心备案。

【解读】 设备运维管理单位是设备安全稳定运行的责任主体，涉及电网侧营销现场作业，为保证安全，工作票应由设备运维管理单位签发。

检修（施工）单位的工作票签发人、工作负责人名单应事先送有关设备运维管理单位、调度控制中心备案，以便运行人员审核工作票时进行核对，避免无资格人员签发或执行工作票，使工作票的执行在可控范围内。

5）承、发包工程，工作票应实行“双签发”。签发工作票时，双方工作票签发人在工作票上分别签名，各自承担相应的安全责任。

【解读】 承包单位的工作票签发人及工作负责人名单应事先送设备运维管理单位备案。发包方工作票签发人负责审核工作的必要性和安全性、工作票上所填写的停电安全措施是否正确完备、所派工作负责人是否在备案名单内。承包方工作票签发人对工作安全性、工作票上所填写的作业安全措施是否正确完备、所派工作负责人和工作班人员是否适当和充足负责。

采用“双签发”可弥补双方的不足，使承、发包双方的安全责任明确，各负其责，共同确保安全。

以下情形工作票可实行“双签发”：①公司系统发包的工程，工作票分别由发包方设备运维管理单位、承包方（施工方）双方签发人签发；②公司系统人员到客户产权设备上工作，工作票分别由工作方、客户方签发人签发。

6）一张工作票中，工作票签发人、工作许可人和工作负责人三者不得为同一人。若相互兼任，应具备相应的资质，并履行相应的安全责任。

① 填用变电工作票时，工作许可人与工作负责人不得互相兼任。

② 填用配电工作票或低压工作票时，工作许可人中只有现场工作许可人（作为工作班成员之一，进行该工作任务所需现场操作及做安全措施者）可与工作负责人相互兼任。

【解读】工作票签发人、工作负责人和工作许可人，既具有其独立的安全责任，三者的安全责任又相互补充和监督，从而保证填用工作票的相关作业安全顺利进行。

对于填用配电工作票、低压工作票的电网侧营销现场作业，当现场工作班组中无具备工作许可人资格人员时，为了简化工作许可程序，可由工作负责人许可工作班组的工作。当现场工作班组中有具备工作许可人资格人员时，不允许采取这种许可方式。

7）变电第一种工作票所列工作地点超过两个，或有两个及以上不同的工作单位（班组）在一起工作时，可采用总工作票和分工作票。总、分工作票应由同一个工作票签发人签发。总工作票上所列的安全措施应包括所有分工作票上所列的安全措施。几个班同时进行工作时，总工作票的工作班成员栏内，只填明各分工作票的负责人，不必填写全部工作班人员姓名。分工作票上要填写工作班人员姓名。

总、分工作票在格式上与第一种工作票一致。

分工作票应一式两份，由总工作票负责人和分工作票负责人分别收执。分工作票的许可和终结，由分工作票负责人与总工作票负责人办理。分工作票应在总工作票许可后才可许可，总工作票应在所有分工作票终结后才可终结。

8）配电工作票一个工作负责人不能同时执行多张工作票。若一张工作票下设多个小组工作，工作负责人应指定每个小组的小组负责人（监护人），并使用配电工作任务单（见附录 H）。

工作任务单应一式两份，由工作票签发人或工作负责人签发。工作任务单

由工作负责人许可，一份由工作负责人留存，另一份交小组负责人。工作结束后，由小组负责人向工作负责人办理工作结束手续。

工作票上所列的安全措施应包括所有工作任务单上所列的安全措施。几个小组同时工作，使用工作任务单时，工作票的工作班成员栏内，可只填写各工作任务单的小组负责人姓名。工作任务单上应填写本工作小组人员姓名。

【解读】多小组工作形式，适用于同一个电气连接部位的多处作业点、多个小组共同作业且工作票所列安全措施一次布置完成的工作。一张工作票下设多个小组共同工作时，应使用工作任务单，由工作票工作负责人统一向许可人办理许可和终结手续。

工作任务单的安全要求是工作票的细化，因此工作任务单可由工作票签发人签发，也可由工作负责人签发。工作任务单一份由工作负责人留存，便于对各小组进行监督及全面掌握工作情况；另一份交小组负责人执行，用于明确小组的任务和安全措施要求。工作任务单上应写明工作任务、停电范围、工作地点的起止杆号及安全措施（注意事项）等。

因工作负责人掌握整个线路的停、送电的情况，接地线等安全措施布置的完成情况，故规定由工作负责人担任工作任务单的许可人。工作任务单的许可和终结由小组负责人与工作负责人办理。工作票许可后，再许可工作任务单；所有工作任务单结束汇报后，工作票方可终结。

工作票上所列的安全措施应包括所有工作任务单上所列的安全措施，并在开工前一次性做完。

（3）工作票的使用。

1）以下情况可使用一张变电第一种工作票：

① 同一变电站内，全部停电或属于同一电压等级、位于同一平面场所、同时停送电，工作中不会触及带电导体的几个电气连接部分上的工作。

② 同一高压配电站、开闭所内，全部停电或属于同一电压等级、同时停送电、工作中不会触及带电导体的几个电气连接部分上的工作。

2）以下情况可使用一张变电第二种工作票：

同一变电站内在几个电气连接部分上依次进行不停电的同一类型的工作。

3）以下情况可使用一张配电第一种工作票：

① 配电变压器及与其连接的高低压配电线路、设备上同时停送电的工作。

② 同一天在几处同类型高压配电站、开闭所、箱式变电站、柱上变压器等配电设备上依次进行的同类型停电工作。同一张工作票多点工作，工作票上的工作地点、线路名称、设备双重名称、工作任务、安全措施应填写完整。不同工作地点的工作应分栏填写。

【解读】可使用一张配电第一种工作票进行相关作业的情形，归纳起来分为以下两类：①同时停送电的配电检修，包括一条线路检修（客户侧）、同杆塔架设（高低压同杆）、配电变压器高低压部分等；②同一天在几处同类型配电设备上依次进行的同类型停电工作。

一张配电第一种工作票多点工作的安全措施，应填写完整，防止遗漏。

4）以下情况可使用一张配电第二种工作票：

①同一电压等级、同类型、相同安全措施且依次进行的不同配电工作地点上的不停电工作。

②同一高压配电站、开闭所内，在几个电气连接部分上依次进行的同类型不停电工作。

【解读】可使用一张配电第二种工作票进行相关作业的情形：高压配电设备不停电工作，是对不同线路或不同工作地点依次进行的同类型、相同安全措施以及同一个配电站或开闭所内在几个电气连接部分依次进行的工作，可以使用一张配电第二种工作票。同类型工作系指工作目的、内容、要求和方法完全相同的工作。

5）对同一天、相同安全措施的多个低压营销作业现场的工作，可使用一张低压工作票。

【解读】规范了可使用一张低压工作票进行相关作业的情形：同一个工作日实施且安全措施相同的多处低压营销现场作业的停电或不停电工作。

6）工作负责人应提前知晓工作票内容，并做好工作准备。客户侧营销现场作业时，供电方作业人员应会同客户检查现场所做的安全措施，对具体的设备指明实际的隔离措施，证明检修设备确无电压。

【解读】工作票应提前交到工作负责人手中，工作负责人在收到工作票后，应及时确定工作票所列内容，确定无误后再签字；如发现疑问，应立即询问工

作票签发人，必要时要求补充或重新签发。工作负责人提前知晓工作票所填相关内容，充分做好人员安排、工器具和材料等作业准备；避免仓促上阵，防止因生产准备不充分而影响生产及安全。

7）工作许可时，工作票一份由工作负责人收执，其余留存工作票签发人或工作许可人处。工作期间，工作票应始终保留在工作负责人手中。

【解读】在履行工作票许可手续时，一份应由工作负责人收执，另一份由工作许可人收执（持配电工作票进变电站工作时，增填并执行的一份工作票交变电许可人），以便随时检查所做安全措施是否到位。工作期间由负责人收执的工作票应始终保留在工作负责人手中，以便掌握工作进度、检查安全措施等。不需要履行工作许可手续的工作票，一份由工作负责人收执，另一份由工作票签发人收执。

8）在原工作票的停电及安全措施范围内增加工作任务时，应由工作负责人征得工作票签发人和工作许可人同意，并在工作票上增填工作项目。若需变更或增设安全措施，应填用新的工作票，并重新履行签发、许可手续。

9）变更工作负责人或增加工作任务，若工作票签发人和工作许可人无法当面办理，应通过电话联系，并在工作票登记簿和工作票上注明。

【解读】变更工作负责人时，应遵守以下规定：

（1）工作票许可前确需变更工作负责人时，应重新填用工作票。

（2）工作期间，工作负责人若需短时（30min 内）离开工作现场，应指定能胜任的人员担任临时工作负责人并履行监护职责，离开前应将工作现场交代清楚，并告知全体工作班成员。原工作负责人返回工作现场时，也应履行同样的交接手续。临时工作负责人不得办理工作票终结和工作间断后复工手续。

（3）工作期间，工作负责人若需长时间离开工作现场，应由原工作票签发人变更工作负责人，履行变更手续，并告知全体工作班成员及所有工作许可人。原、现工作负责人应履行必要的交接手续，并在工作票上签名确认。若工作票签发人或工作许可人不在现场，可电话征得工作票签发人和工作许可人同意，由原工作负责人代签名，并在“备注”栏内注明电话联系的时间。

（4）对复杂、危险等工作，以及工作负责人离开工作现场前不能准确、详尽交代工作时，均不得变更工作负责人。这两种情形下，工作负责人确需离开时，应停止作业。

（5）工作负责人的变更仅限一次。若需再次变更，应重新填用工作票并履行工作许可手续。

10）第一种工作票，应在工作前一天送达设备运维管理单位（包括信息系统送达）；通过传真送达的工作票，其工作许可手续应待正式工作票送到后履行。第二种工作票、低压工作票可在进行工作的当天预先交给工作许可人。

【解读】第一种工作票应至少在工作前一日送达（包括采用传真、信息系统送达）给工作许可人。经批准的临时工作，或故障紧急抢修转正常检修填用第一种工作票时，可在工作当日预先交给工作许可人，但应在工作票“备注”栏内注明具体原因。

需办理工作许可手续的第二种工作票和不需要运维人员操作设备的带电作业工作票，可在进行工作的当天预先交给工作许可人。

11）已终结的工作票、现场勘察记录至少应保存1年。

【解读】已终结的工作票（含工作任务单）、现场勘察记录，至少应保存1年，为“两票”的评价、总结、分析、检查以及事件追溯等提供依据。

（4）工作票的有效期与延期。

1）工作票的有效期，以批准的计划工作时间为限。批准的计划工作时间为调度控制中心或设备运维管理单位批准的开工至完工时间。

【解读】工作票的有效期，以许可单位正式批准的开工至完工时间为限。工作票所填的“计划工作时间”不宜超过30天。

2）办理工作票延期手续，应在工作票的有效期内，由工作负责人向工作许可人（运维负责人）提出申请，得到同意后给予办理；不需要办理许可手续的配电第二种工作票，由工作负责人向工作票签发人提出申请，得到同意后给予办理。

【解读】工作票需延期时，由工作负责人向工作许可人提出申请，得到同意后给予办理。按规定可不办理许可手续的配电第二种工作票，其延期手续由工作负责人向工作票签发人提出申请，得到同意后给予办理。延期申请应在计划结束前提出，并应预留办理延期手续的时间。

3）工作票只能延期一次。延期手续应记录在工作票上。

【解读】延期手续应在工作票有效期内完成。工作票只能延期一次。延期手续应记录在工作票上。如需再延期的，应重新办理新的工作票。

（5）工作票所列人员的基本条件。

1）工作票签发人应由熟悉人员技术水平、熟悉设备情况、熟悉《营销安规》，并具有相关工作经验的营销领导、技术人员或经本单位批准的人员担任，名单应公布。

【解读】工作票签发人承担着重要的安全责任，应熟悉人员技术水平、配电网络接线方式、设备状况、安全规程且应具有相关电气工作经验，通常由生产领导、技术人员或经本单位批准的其他人员担任。相关人员经过培训，并通过技术业务、安全规程等考试合格后，方能担任工作票签发人。工作票签发人应每年参加安全规程培训并经考试合格，由本单位批准并书面予以公布。

2）工作负责人应由有本专业工作经验、熟悉工作范围内的设备情况、熟悉《营销安规》，并经营销部门批准的人员担任，名单应公布。工作负责人还应熟悉工作班成员的技术水平。

【解读】工作负责人是工作班执行工作任务的组织领导者和现场工作的安全监护人，要求其能够正确处理现场（人员、设备等因素）突发情况，对风险点能够做出正确的判断和有效的控制。因此，工作负责人不但应具备岗位技能、熟悉营销安规，还应具有相关专业的实际工作经验，熟知工作班成员的工作能力。工作负责人应经岗位操作技能和安全操作技能考试且考核合格，每年需经安全规程培训并考试合格，由本单位批准、书面公布。

3）工作许可人应由熟悉工作范围内的接线方式、设备情况、熟悉《营销安规》，并经相关单位批准的人员担任，名单应公布。

工作许可人包括值班调控人员、运维人员、营销人员、相关变配电站（含客户变、配电站）和发电厂运维人员、配合停电线路许可人及现场许可人等。客户变、配电站的工作许可人应是持有效证书的高压电气工作人员。

【解读】工作许可人对许可工作的命令和接地等安全措施的正确性负责，因此，工作许可人应由有一定工作经验，熟悉有关规程、规定和现场设备接线方式、设备情况的人员担任。每年需经考试合格，名单由本单位批准并书面公布。

考虑到工作许可人的重要作用，对客户变（配）电站的工作许可人也应有资质要求，即应是持有效证书的高压电气工作人员。

4）专责监护人应由具有相关专业工作经验，熟悉工作范围内的设备情况和本规程的人员担任。

【解读】专责监护人不参与现场具体工作，监督被监护人员遵守《营销安规》和执行现场安全措施，及时纠正被监护人员的不安全行为。

（6）工作票所列人员（含客户侧）的安全责任。

1）工作票签发人：

① 确认工作必要性和安全性。

② 确认工作票上所列安全措施正确完备。

③ 确认所派工作负责人和工作班成员适当、充足。

【解读】工作票签发人应根据现场的运行方式和实际情况对工作任务的必要性、安全性，以及采取的停电方式、安全措施等进行确认，审查工作票上所填安全措施是否与实际工作相符且正确完备，确认所派工作负责人及工作班成员配备是否适当、工作班人数是否充足等。

2）工作负责人。

① 正确组织工作。

② 检查工作票所列安全措施是否正确完备，是否符合现场实际条件，必要时予以补充完善。

③ 工作前，对工作班成员进行工作任务、安全措施交底和危险点告知，并确认每个工作班成员都已签名。

④ 组织执行工作票所列由其负责的安全措施（含客户所做安全措施）。

⑤ 监督工作班成员遵守《营销安规》、正确使用劳动防护用品和安全工器具以及执行现场安全措施。

⑥ 关注工作班成员身体状况和精神状态是否出现异常迹象，人员变动是否合适。

【解读】工作负责人是执行工作票工作任务的组织者、指挥者和安全负责人，负责正确安全地组织现场作业。同时，工作负责人还应负责对工作票所列现场安全措施是否正确、完备以及是否符合现场实际条件等方面情况进行检

查，必要时还应加以补充完善。

工作负责人在工作前，应关注工作班成员的精神面貌、身体状况是否良好，人员安排是否合适等情况。人员安排不合适，工作班成员精神状态、身体状况不佳等因素极有可能引发事故。

工作许可手续完成后，工作负责人应召开安全交底会，向工作班成员交代工作内容、人员分工、带电部位和现场安全措施、技术措施，告知危险点，在每一个工作班成员都已履行签名确认手续后，方可下令开始工作。工作负责人应始终在工作现场，监督工作班成员遵守《营销安规》、正确使用劳动防护用品和安全工器具以及执行现场安全措施，及时纠正工作班成员不安全的行为。

3）工作许可人。

① 审票时，确认工作票所列安全措施是否正确完备，对工作票所列内容产生疑问时，应向工作票签发人询问清楚，必要时予以补充。

② 保证由其负责的停、送电和许可工作的命令正确。

③ 确认由其负责的安全措施正确实施。

【解读】工作许可人在审查工作票时，应根据电网实际情况及有关规定审查工作票中各项安全措施是否正确完备。

工作许可人的主要职责是对许可的线路停电、送电和接地等安全措施是否正确、完备负责，所以工作许可人应重点核对由其负责的检修线路电源是否全部断开，保证线路停电、送电和许可工作的命令是否正确无误。

工作许可人审查工作票填写的接地线位置是否正确、数量是否满足要求，确认线路或设备停电、接地等安全措施已全部实施完成，并与工作票核对无误后，方可向工作负责人许可工作。工作许可人对工作票所列内容有任何疑问，均应向工作票签发人询问清楚，必要时要求其作出详细补充说明。

4）专责监护人。

① 明确被监护人员和监护范围。

② 工作前，对被监护人员交代监护范围内的安全措施，告知危险点和安全注意事项。

③ 监督被监护人员遵守《营销安规》和执行现场安全措施，及时纠正被监护人员的不安全行为。

【解读】专责监护人应确认被监护人员、监护范围，确保被监护人员始终处于监护之中。

专责监护人在工作前，应向被监护人员交代安全措施，告知危险点和安全注意事项，确认每一个工作班成员都已知晓，并履行签名确认手续。

专责监护人应全程监督被监护人员遵守《营销安规》和现场安全措施要求，及时纠正不安全行为，从而保证作业安全。

5）工作班成员。

① 熟悉工作内容、工作流程，掌握安全措施，明确工作中的危险点，并在工作票上履行交底签名确认手续。

② 服从工作负责人、专责监护人的指挥，严格遵守《营销安规》和劳动纪律，在指定的作业范围内工作，对自己在工作中的行为负责，互相关心工作安全。

③ 正确使用施工机具、安全工器具和劳动防护用品。

【解读】工作班成员应认真参加班前会、班后会，认真听取工作负责人（或专责监护人）交代的工作任务，熟悉工作内容、工作流程，掌握安全措施，明确工作中的危险点，并履行交底签名确认手续。这是确保作业安全和人身安全的基本要求。

工作班成员应自觉服从工作负责人、专责监护人的指挥，严格遵守《营销安规》和劳动纪律；不超越工作负责人、专责监护人确定的工作范围；对自己在工作中的行为负责，不违章作业，互相关心工作安全。这是作业人员的职责和义务。

正确使用施工机具、安全工器具和劳动防护用品，并在使用前认真检查。这是作业人员保证安全作业的重要措施。

（7）使用现场作业工作卡的营销现场作业，现场作业工作卡中所列人员的基本条件和安全责任与工作票要求相同。

对于同一个工作日，临时性增加的符合填用现场作业工作卡的工作，可由工作负责人在现场作业工作卡中增列工作记录，记录内容应包含工作地点、工作指派人、派工时间、现场作业类型、工作现场风险点分析、安全措施（注意事项）及完成情况等内容。

（8）公司系统内的外来施工单位承接作业项目时，应向项目管理单位（部

门）或设备运维管理单位提交本单位公布的工作票签发人、工作负责人名单的有效文件，经核准后在设备运维管理单位备案。设备运维管理单位应在备案人员名单内办理相应的工作票“双签发”和工作许可等手续。

【解读】设备运维管理单位是设备安全稳定运行的责任主体，涉及电网侧营销现场作业，为保证安全，工作票应由设备运维管理单位签发。

实行工作票“双签发”的情况主要有：公司系统发包的工程，工作票分别由发包方设备运维管理单位和承包方（施工方）签发人签发；公司系统人员到客户产权设备上工作，工作票分别由工作方和客户方签发人签发。采用“双签发”可弥补双方的不足，使承、发包双方的安全责任明确，各负其责，共同确保安全。

公司系统内的外来施工单位承接作业项目时，应向项目管理单位（部门）或设备运维管理单位提交本单位公布的工作票签发人、工作负责人名单的有效文件，经核准并在设备运维管理单位备案后，设备运维管理方可允许在备案人员名单内办理相应的工作票“双签发”和工作许可等手续。

（9）公司系统外的施工单位承接作业项目时，项目管理单位（部门）应对其工作票签发人、工作负责人进行资质审核，并报安全监督管理部门审查批复。设备运维管理单位应在批复人员名单范围内办理工作票“双签发”和工作许可等手续。

【解读】公司系统外的施工单位承接营销现场作业项目时，项目管理单位（部门）必须对施工单位的工作票签发人、工作负责人进行资质审核，审核通过并报安全监督管理部门审查批复后，设备运维管理单位方可允许在批复人员名单范围内的人员办理工作票“双签发”和工作许可等手续。

（10）外来单位承接本单位作业项目时，一般情况下工作负责人宜由外来单位人员担任，特殊情况下可由项目管理单位（部门）或设备运维管理单位根据作业项目、人员状况及现场安全条件等情况协商指定。

【解读】公司系统外的外来单位承接营销现场作业项目时，工作负责人应该由外来单位人员承担，只有在特殊情况下可由项目管理单位（部门）或者设备运维单位根据作业情况、人员状态及现场安全条件等情况下协商指定工作负责人。

3. 工作许可制度

营销作业工作许可制度按照以下相关要求执行。

（1）工作许可人应在完成工作票所列由其负责的停电和装设接地线等安全措施后，方可发出许可工作的命令。

【解读】工作许可制度是确保工作人员安全作业必不可少的组织措施，履行工作许可是运检双方确认安全措施已设置完善并许可工作的必要手续。各工作许可人（有的工作可能会有两个或以上的工作许可人）在确认施工现场工作票所列由其负责完成的安全措施后，方可下达许可工作命令。

（2）工作许可人在向工作负责人发出许可工作的命令前，应记录工作班组名称、工作负责人姓名、工作地点和工作任务。

【解读】值班调控人员、运维人员等工作许可人在向工作负责人发出许可工作的命令前，应将工作班组名称、数目、工作负责人姓名、工作地点和工作任务等及时予以记录，以便在接受各个班组的终结报告时与记录核对，防止个别班组尚未报告工作终结，误将线路恢复送电，造成触电伤害、设备损坏等事故。上述信息可记录在专门的记录簿内或值班日志中，也可根据本单位的相关规定采用其他方式进行记录。

（3）现场办理工作许可手续前，工作许可人应与工作负责人核对线路名称、设备双重名称，检查核对现场安全措施，指明保留带电部位。

【解读】在现场办理工作许可手续前，工作许可人应与工作负责人共同核对停电线路的线路名称和设备双重名称无误，防止作业人员误入带电间隔、误登带电杆塔；共同检查核对并确认现场安全措施是否完备；并指明保留带电的具体部位，使检修方清楚停电的范围以及有电的位置，保证作业现场电气安全措施执行到位、确保作业安全。

（4）填用第一种工作票的工作，应得到全部工作许可人的许可，并由工作负责人确认工作票所列当前工作所需的安全措施全部完成后，方可下令开始工作。所有许可手续（工作许可人姓名、许可方式、许可时间等）均应记录在工作票上。

【解读】当涉及变电站、发电厂、环网线路、分支线路、用户线路和配合停电线路等多个系统上的工作，每个系统均须设有工作许可人，此时线路全部

停电、同杆塔架设多回线路中部分停电线路上的工作及全部或部分停电的配电设备上的工作等多种情况，在填用配电第一种工作票需要多个许可人进行许可。工作负责人需接受多个许可人许可时，接到每个工作许可人许可工作的命令，均应在工作票上记录许可人的姓名和许可开工的时间。

若值班调控人员许可工作命令通过专业室运维人员下达，专业室运维人员接受工作许可命令时，也应在工作票上记录调控人员姓名和许可时间。

工作负责人必须在得到所有工作许可人的许可后，确认工作线路各侧均无来电可能，核对线路双重名称无误后，方可组织工作班成员在工作地段各侧验电、挂地线，完成现场全部安全措施后，工作负责人方可向工作班成员发出开始工作的命令。

（5）客户现场作业时，应执行工作票“双许可”制度。客户侧用电检查（反窃查违）现场作业可不执行“双许可”制度，由供电方许可人许可后，即可开展客户侧用电检查（反窃查违）相关工作。

高压客户方许可人由客户具备资质的电气工作人员担任，也可由客户委托承装（修、试）客户设备的施工方具备资质的电气人员担任。

工作许可人对工作票中所列安全措施的正确性、完备性，现场安全措施的完善性以及现场停电设备有无突然来电的危险等内容负责，经双方签字确认后方可开始工作。

【解读】由于用电检查时可能需要对窃电、违约用电等行为进行检查、取证，因此可不执行“双许可”制度。

（6）客户侧设备检修，需电网侧设备配合停电时，应得到客户停送电联系人的书面申请，经批准后方可停电。在电网侧设备停电措施实施后，由电网侧设备的运维管理单位或调度控制中心负责向客户停送电联系人许可。

恢复送电，应接到原客户停送电联系人的工作结束报告，做好录音并记录后方可进行。

【解读】为满足客户侧设备检修需要，需电网侧设备配合停电的，应严格执行调度和设备检修相关规定并履行相应手续。

（7）在客户设备上工作，许可工作前，工作负责人应检查确认客户设备的当前运行状态、安全措施符合作业的安全要求。作业前检查多电源和有自备电源的客户已采取机械或电气连锁等防反送电的强制性技术措施。

【解读】公司系统人员到客户设备上工作，工作负责人和工作班成员应事先熟悉用户设备运行方式和状态。在许可工作前还应检查确认用户设备运行状态，确保现场安全措施满足作业要求。多电源客户电源接入处采取机械或电气连锁，是防止多路电源合环和向停电区域反送电的措施。停电作业时应检查其是否能够可靠连锁，以防止向停电区域送电。

（8）许可开始工作的命令，应通知工作负责人。其方法可采用：

1）当面许可。工作许可人和工作负责人应在工作票上记录许可时间，并分别签名。采用电子化工作票的，应在电子化工作票上履行电子化许可手续。

2）电话许可。工作所需安全措施可由工作人员自行布置，工作许可人和工作负责人应分别记录许可时间和双方姓名，复诵核对无误，并录音。工作结束后应汇报工作许可人。

【解读】当面许可指工作许可人与工作负责人双方在工作现场当面办理工作票许可手续。现场办理工作许可手续前，工作许可人应与工作负责人核对线路名称、设备双重名称，检查核对现场安全措施，指明保留带电部位。确认无误后工作许可人与工作负责人应在工作票上记录许可时间，并分别签名。应采取当面许可方式的工作主要有：由设备运维管理单位的现场工作许可人负责执行，填用变、配电站第一种工作票；外包施工或外委作业人员在公司配电设备上，进行填用配电第二种工作票；其他供电方式复杂，认为有必要进行现场许可。一般在进行客户侧现场作业时，应进行当面许可。

电话许可指工作许可人不在工作现场，工作负责人通过电话方式向工作许可人汇报现场安全措施落实情况，工作许可人复诵核对无误后，办理工作票许可手续。工作许可人与工作负责人应分别在工作票上记录许可时间和双方姓名。

（9）工作负责人、工作许可人任何一方不得擅自变更运行接线方式和安全措施，工作中若有特殊情况需要变更时，应先取得对方同意，并及时恢复，变更情况应及时记录在值班日志或工作票上。

【解读】工作许可后，工作班成员开始在检修设备上工作，一旦检修设备运行接线方式变更，很可能产生感应电压或者直接造成检修设备带电，导致事

故发生。因此，在工作中工作负责人、工作许可人任何一方不得擅自变更运行接线方式。

工作票所列的安全措施，已由工作负责人、工作许可人双方检查并确认，任何一方擅自变更安全措施，将导致安全措施的完整性遭到破坏，留下安全隐患。因此，在工作中严禁任何一方擅自变更已设置好的安全措施。

若需变更或增设安全措施，应填用新的工作票，并重新履行签发、许可手续。需要改变原停电范围、设备状态的，还应履行新的停电申请（不需要申请的除外）手续。

（10）禁止约时停、送电。

【解读】约时停电是指不履行工作许可手续，工作人员按预先约定的停电时间进行工作。由于系统运行方式有可能随时发生变化，或工作的线路由于其他原因有随时恢复送电的可能，若按约定时间开始工作，而实际未停电，会有造成人身触电事故的风险。因此工作负责人必须得到工作许可人许可工作的命令后，方可进行停电工作，禁止约时停电。

约时送电是指不履行工作终结手续，工作许可人按照预先约定的时间恢复送电。由于工作中可能发现新的问题或者工作班人员因某些原因不能在预先约定的时间内完成工作任务，如果按预先约定时间恢复送电，会有引发人身触电事故的风险。因此工作许可人只有在得到所有已许可工作的工作负责人的工作终结报告后，方可下令向停电工作的线路恢复送电，禁止约时送电。

4. 现场工作监护制度

（1）得到工作许可后，工作负责人、专责监护人应向工作班成员交代工作内容、分工、带电部位和现场安全措施，告知危险点，并履行签名确认手续，方可下达开始工作的命令。

【解读】为进一步让工作班成员掌握上述内容，保证工作安全，工作负责人、专责监护人应在工作前向工作班成员进行工作内容及安全交底，明确告知本次工作的具体内容、停电范围、带电部位和实施的相关安全措施、安全风险及防控措施、分工情况等，并履行确认手续。

（2）工作负责人、专责监护人需始终在工作现场。

【解读】工作过程中，工作负责人和专责监护人必须始终在工作现场（不得擅离岗位），对工作班成员的安全进行监护，及时纠正不安全行为，防止触电、机械伤害、高处坠落等事故发生。

（3）现场作业人员不得单独进入或滞留在高压配电室、开闭所等带电设备区域内。若工作需要且在现场设备允许的条件下，可以准许工作班中有实际经验的一人或几人同时在他室进行工作，但工作负责人应在事前将有关安全注意事项予以详尽告知。

【解读】为防止作业人员失去监护而发生事故或意外且无法得到及时救护，作业人员不宜单独进入、滞留在高压室、开闭所等带电设备区域。针对部分需在多处进行的工作（如测量极性、回路导通试验、光纤回路检查等），在安全措施可靠时，可以准许工作班中有实际经验的一个人或几个人同时在他室进行工作，但工作负责人应事前将有关安全注意事项告知清楚。如果在他室进行工作的作业人员有两人或两人以上时，应指定其中一人负责监护。

（4）工作票签发人、工作负责人对有触电危险、检修（施工）复杂容易发生事故的工作，需增设专责监护人，并确定其监护的人员和工作范围。

【解读】在复杂的电气工作环境中，当安全距离小、作业安全条件较差时，工作票签发人和工作负责人应根据现场实际、施工范围、工作需要等具体情况，增设专责监护人，确定被监护对象。专责监护人应视工作现场条件而设定，原则是每名作业人员均处于被监护范围之内。

（5）专责监护人不得兼做其他工作。专责监护人临时离开时，应通知被监护人员停止工作或离开工作现场，待专责监护人回来后方可恢复工作。专责监护人需长时间离开工作现场时，应由工作负责人变更专责监护人，履行变更手续，并告知全体被监护人员。

【解读】对专责监护人员的相关要求包括：

1）专责监护人不得兼做其他工作。专责监护人临时离开时，应通知被监护人员停止工作或离开工作现场，待专责监护人回来后方可恢复工作。专责监护人需长时间离开工作现场时，应由工作负责人变更专责监护人，履行变更手续，并告知全体被监护人员。

2）专责监护人的变更仅限一次。

（6）工作期间，工作负责人若需暂时离开工作现场，应指定能胜任的人员

临时代替，离开前应将工作现场交代清楚，并告知全体工作班成员。原工作负责人返回工作现场时，也应履行同样的交接手续。

工作负责人若需长时间离开工作现场时，应由原工作票签发人变更工作负责人，履行变更手续，并告知全体工作班成员及所有工作许可人。原、现工作负责人应履行必要的交接手续，并在工作票上签名确认。

【解读】工作负责人暂时离开工作现场时，应指定能够胜任的人员临时代替，以保证工作现场始终有人负责。对工作负责人相关要求如下：

1）工作票许可前确需变更工作负责人时，应重新填用工作票。

2）工作期间，工作负责人若需短时（30min 内）离开工作现场，应指定能胜任的人员担任临时工作负责人并履行监护职责，离开前应将工作现场交代清楚，并告知全体工作班成员。原工作负责人返回工作现场时，也应履行同样的交接手续。临时工作负责人不得办理工作票终结和工作间断后复工手续。

3）工作期间，工作负责人若需长时间离开工作现场，应由原工作票签发人变更工作负责人，履行变更手续，并告知全体工作班成员及所有工作许可人。原、现工作负责人应履行必要的交接手续，并在工作票上签名确认。若工作票签发人不在现场，可电话征得签发人同意，由原工作负责人代签名，并在“备注”栏内注明电话联系的时间。

4）对复杂、危险等工作，以及工作负责人离开工作现场前不能准确、详尽交代工作时，均不得变更工作负责人。这两种情形下，工作负责人确需离开时，应停止作业。

5）工作负责人的变更仅限一次。若需再次变更，应重新填用工作票并履行工作许可手续。

（7）工作班成员变更需经工作负责人的同意，并在工作票上做好变更记录；中途新加入的工作班成员，需由工作负责人、专责监护人对其进行安全交底并履行确认手续。

【解读】对中途新加入的工作班成员应进行安全交底并履行确认手续，做到工作“四清楚”（工作任务清楚、危险点清楚、作业程序清楚、安全措施清楚）。新加入工作的工作班人员数量不宜超过工作票所列计划人数的一半且不多于5人。

（8）关键风险点管控制度。

《国家电网有限公司作业安全风险预警管控工作规范（试行）》根据可预见风险的可能性、后果严重程度，将作业安全风险分为五到一级，即稍有风险、一般风险、显著风险、高度风险、极高风险（风险等级由低到高分别为一到五级）。

对于作业安全风险等级在三级风险及以上的营销现场作业，应执行关键风险点管控。即对应的营销现场作业计划应提前填报，填报作业计划时应由工作负责人明确作业过程中的关键风险点，并经工作票签发人、工作许可人审核确认。

当营销现场工作进入到关键风险点作业环节时，应由工作负责人或专责监护人进行重点监护，并认真对关键风险点的作业安全防护准备情况、执行情况进行检查、验收。主要营销现场作业类型与风险等级对应关系见附录K。

5. 现场工作间断、转移制度

（1）工作中，如遇到威胁到工作人员安全的情况（遇雷、雨、大风等情况），工作负责人或专责监护人应下令停止工作。

【解读】当作业过程中出现大风、大雨、雷电、突发洪水、地质灾害等异常情况时，会威胁到工作人员人身安全，工作负责人或专责监护人应果断停止现场工作。上述风险、异常未解除时，不得冒险恢复工作。

（2）工作间断时，若工作班需离开工作地点，应采取措施或派人看守，不让人、畜接近工作地点。

【解读】工作间断，工作班暂时离开工作现场时，应指派专人在工作现场看守，防止外部人员（包括车辆）、牲畜等靠近工作地点。视具体情况，对作业现场设置安全围栏和警示标识。

（3）工作间断的情况下，工作班离开工作地点，若接地线保留不变，恢复工作前应检查确认接地线完好；若接地线拆除，恢复工作前应重新验电、装设接地线。间断后如需继续工作，无工作负责人或专责监护人带领，作业人员不得进入工作地点。

【解读】工作间断期间，接地线等安全措施可能因自然环境、人为因素而遭受破坏，导致重新恢复工作时产生安全隐患，故在恢复工作之前，应首先检查接地线等安全措施的完整性，若接地线拆除，恢复工作前应重新验电、装设接地线，确认工作条件是否变化。只有当所有安全措施符合工作票及现场安全

要求时，方可恢复作业。

（4）使用同一张工作票依次在不同工作地点转移工作时，若工作票所列的安全措施在开工前一次做完，则在工作地点转移时不需要再分别办理许可手续；若工作票所列的停电、接地等安全措施随工作地点转移，则每次转移均应分别履行工作许可、终结手续，依次记录在工作票上，并填写使用的接地线编号、装拆时间、位置等随工作地点转移情况。工作负责人在转移工作地点时，应逐一向工作人员交代带电范围、安全措施和注意事项。

【解读】使用同一张工作票依次在多个工作地点转移工作时，为了保证安全措施的完整性和提高工作效率，保障营销现场作业安全顺利完成，现场安全措施可以采取一次性做完或随工作地点转移依次实施两种方式来执行。

采取一次性做完方式时，采用一次性许可方式，转移到新地点时，不需再履行许可手续。

采取随工作地点转移依次实施方式时，转移前履行已结束工作地点的工作终结手续，转移到新的地点作业前要履行许可手续和安全交底手续，相关内容要及时记录在工作票上。

6. 现场工作终结制度

（1）完工后，需及时清扫整理现场，工作负责人需检查工作地段状况，确认工作电气设备及辅助设备上没有遗留工具、设备及材料，确保全部工作人员由设备上撤离后，再命令拆除由工作班自行装设的接地线等安全措施。接地线拆除后，任何人不得再在设备上工作。

【解读】工作结束后，设备上如有遗留物，可能造成检修设备、线路送电后发生短路、接地等故障。工作地段的接地线拆除以后，即应视为设备线路带电，不允许任何人再登上设备和线路进行任何工作。

（2）工作地段所有由工作班自行装设的接地线拆除后，工作负责人需及时向相关工作许可人报告工作终结。

【解读】接地线拆除后，又发现新的缺陷或遗留问题必须恢复作业时，按以下规定执行：

1）接地线已经拆除，但尚未向工作许可人汇报工作终结的，可在重新验电、挂接地线后，由工作负责人重新指派人员进行登杆作业，其他作业人员不得登杆。

2）对已向工作许可人汇报工作终结的，无论线路是否已送电，都必须视为已带电，由工作负责人向工作许可人汇报发现的问题和处理意见，重新履行工作许可手续、布置安全措施，才能进行工作。

（3）工作负责人在多小组作业的情况下，应在得到所有小组负责人工作结束的汇报后，方可与工作许可人办理工作终结手续。

【解读】当多个小组同时工作时，为防止个别小组的工作尚未结束就恢复送电，造成作业人员受到伤害，工作负责人应在得到所有小组负责人工作结束的汇报后，才能向工作许可人汇报工作结束、办理工作终结手续。

（4）执行工作票“双许可”的工作，应由双方许可人均办理工作终结手续后，方可视为工作终结。

【解读】执行“双许可”工作票的营销现场作业工作，在工作完成后，必须由双方许可人确认现场作业工作完成及现场恢复后，方可办理工作终结手续，手续完成后，方可视为工作终结。

（5）应以当面报告或电话报告的方式进行工作终结报告，并经复诵无误的方式进行。

【解读】工作终结要求如下：

1）采取当面许可方式的工作，工作终结应采取当面报告方式。

2）采取电话许可方式的工作，以电话报告方式办理工作终结手续（电话报告内容应录音，电话报告内容经对方复诵确认无误）。

3）当面报告工作终结，由工作负责人当面向许可人报告，工作许可人、工作负责人双方在工作票上签字确认。电话报告工作终结，先由工作负责人得到各小组负责人工作结束的汇报，并经工作负责人检查，确认无误后，再用电话向工作许可人报告。

（6）工作终结报告应简明扼要，主要包括下列内容：工作负责人姓名，某作业现场工作已经完工，所修项目、试验结果、设备改动情况和存在问题等，工作地点已无本班组工作人员和遗留物。

【解读】工作负责人向工作许可人报告工作终结的主要内容：

1）工作负责人的姓名，所执行工作任务的工作票编号、所修的项目、设

备改动的情况、试验结果及存在问题等。

2）分为几个小组作业，所有小组工作均已结束，参与作业的所有人员已全部撤离。

3）工作区段内各地点所挂接地线已经全部拆除，本工作段已具备送电条件。

工作负责人汇报以上内容完毕后，按照工作许可人报送的时间在工作票上填写工作票终结时间并签名。至此工作负责人履行工作票的职责已完毕。

（7）工作许可人在接到所有工作负责人的终结报告后，并确认所有工作已完毕且工作人员已撤离，所有接地线已拆除，与记录簿核对无误并做好记录后，方可下令拆除各侧安全措施。

【解读】“所有工作负责人”是指包括配合工作的客户工作负责人在内的设备所有工作班组负责人。工作许可人接到所有工作负责人的工作终结报告，应确知工作已经完毕、所有工作人员已撤离、现场接地线已经全部拆除，并与工作许可时的记录核对一致，确认所许可的工作班组工作负责人已全部报告工作终结后，方可下令拆除安全措施，恢复送电。如不严格执行以上流程，则可能发生个别工作班组的工作尚未完工，在尚未报告工作终结的情况下，误向停电工作线路、设备恢复送电或带接地线合闸，造成人身触电伤害和设备损坏事故。

第四节　作业现场安全技术措施

1. 现场必须停电情形

（1）需停电检修的线路和设备。

【解读】直接碰触的线路、设备进行检修工作，所检修的线路和设备必须停电。

（2）作业人员在进行工作时正常活动范围距离大于表 1-2 规定的设备。

【解读】检修的设备及工作人员与周围设备带电部分的距离不满足本手册表 1-2 的规定时设备应停电，确保作业人员正常工作、活动时不会触电，保证作业人员人身安全。

表 1-2 作业人员工作中正常活动范围与高压线路、设备带电部分的安全距离

电压等级（kV）	安全距离（m）
10 及以下	0.35
20、35	0.60
66、110	1.50
220	3.00

注 表中未列电压按高一挡电压等级的安全距离。

（3）作业人员在进行工作时，活动范围的安全距离虽大于表 1-2 规定，但小于表 1-1 规定，同时又无绝缘挡板、安全遮栏措施的设备。

【解读】可以通过使用绝缘挡板、硬质安全围栏将带电部位隔离进行工作。采用硬质安全围栏隔离时，隔离缝隙不宜过大，防止工作人员手臂和工具材料穿过围栏，还应有防止围栏倾倒的措施。当无法采用可靠隔离措施时，则设备应停电。

（4）危及营销现场作业安全且不能采取相应安全措施的交叉跨越、平行或同杆（塔）架设线路。

【解读】在进行营销现场作业时，工作线路如与另一条带电线路交叉，其交叉跨越距离小于《配电安规》邻近或交叉其他高压电力线工作的安全距离时，则这条带电线路必须停电并接地。

（5）有可能从低压侧向高压侧反送电的设备、工作地段内有可能反送电的各分支线（包括客户，下同）。

【解读】低压电源通过变压器或电压互感器等有改变电压功能的设备低压侧，向已停电的电力线路或设备送出高电压。

（6）带电部分在作业人员后面、两侧、上下且无可靠安全措施的设备。

【解读】在进行营销现场作业时，如果带电设备在作业人员的后面、两侧、上下、即使与作业人员之间的距离大于表 1-2 规定，也应采取安全可靠的措施与该设备隔离，后面、两侧可用遮栏隔离。否则，应将这些设备停电。

（7）其他需要停电的线路或设备。

【解读】如变电站、发电厂、配电二次系统上的工作需要停电的或做安全

措施的。

（8）**禁止在只经断路器（开关）断开电源的高压设备上工作，检修设备停电，设备运维管理单位（含客户）应把各方面的电源完全断开（任何运行中的星形接线设备的中性点，应视为带电设备）。**

【解读】在检修设备停电时，设备运维管理单位（含客户）应把工作地段内所有可能来电的电源（包括可能反送电的设备）全部断开，防止设备突然来电造成人员触电伤害或设备损坏。运行中星形接线设备由于三相对地电容不同，其中性点存在位移电压。在中性点非有效接地系统（35、10kV，不接地、经消弧线圈接地和经高阻接地）和中性点有效接地系统中性点不接地的变压器发生单相接地故障时，中性点对地具有较高电位，最高可达相电压。配电变压器中性点虽有效接地，但三相负荷不平衡时，也存在中性点位移的现象。因此，运行中星形接线设备的中性点应视为带电设备，应将检修设备的中性点与其他运行中星形接线设备的中性点断开。将检修设备停电，仅拉开断路器（开关），可能发生由于断路器（开关）操作连杆损坏、触头熔融粘连或绝缘击穿等原因出现断路器（开关）不能有效隔离电源，而导致停电设备带电，因此，禁止在只经断路器（开关）断开电源的设备上工作。

（9）**应拉开隔离开关（刀闸），手车开关应拉至试验或检修位置，应使各方面有一个明显的断开点，若无法观察到停电设备的断开点，应有至少两个不同源指示设备为断开状态，如电气和机械指示等。无明显断开点也无满足条件的电气、机械等指示时，应断开上一级电源。**

【解读】为使检修设备和电源之间隔离达到安全的目的，应拉开隔离开关（刀闸），手车开关应拉至试验或检修位置，使检修设备和电源之间有一明显断开点。电力系统中使用的铠装组合式电气设备和箱式配电设备，设备的断开点无法直接观察到，应有两个及以上非同样原理或非同源的指示发生对应变化，如机械位置指示和带电显示装置且这些确定的所有指示均已同时发生对应变化，才能确认该设备已无电。对配电系统中只有机械指示等单信号源的设备，如柱上断路器（开关），应在操作前后均采用直接验电的方式补充确认。对配电系统中无明显断开点也无满足条件的电气、机械等指示的设备，应断开上一级电源。

（10）在变电作业现场，与停电设备有关的变压器、电压互感器以及无功补偿装置等具有储能功能的设备，需将设备各侧断开，防止向停电检修设备反送电。

【解读】在变电站从事营销作业时，为防止停电的变压器、电压互感器、无功补偿装置等具有储能功能的设备反送电，应将与停电有关的具有反送电功能的设备各侧断开［电压互感器高压侧无隔离开关（刀闸）的除外］。

（11）检修设备和可能来电侧的断路器（开关）、隔离开关（刀闸）应断开控制电源和合闸能源，隔离开关（刀闸）操作把手应锁住，确保不会误送电。

【解读】为确保在检修设备上工作人员的人身安全，应断开检修设备的控制电源和合闸电源，弹簧、液压、气动操作机构应释放储能或关闭有关阀门，以防意外分、合闸对在检修设备上工作的工作人员造成伤害。

（12）对难以做到与电源完全断开的检修设备，可以选择拆除设备与电源之间电气连接的方式。

【解读】对有些难以做到与电源完全断开的检修设备或有特殊原因必须缩小停电范围时，可拆除设备与电源之间的引线、连线等方式，以达到有效断开的目的。

（13）在高压配电室、箱式变电站、配电变压器台架上进行工作，不论线路是否停电，需先拉开低压侧断路器（开关），后拉开低压侧隔离开关（刀闸），再拉开高压侧跌落式熔断器或隔离开关（刀闸）。

【解读】不论线路是否停电，为确保在高压配电室、箱式变电站、配电变压器台架上工作的人员人身安全，必须将上述设备停电才能作业。隔离开关（刀闸）没有灭弧装置，拉负荷电流时会产生电弧，为避免电弧烧损隔离开关（刀闸）或击伤操作人员，拉闸操作应先拉开低压侧断路器（开关），后拉开低压侧隔离开关（刀闸），再拉开高压侧跌落式熔断器或隔离开关（刀闸）。

（14）在低压配电线路和设备上的停电作业，需先拉开低压侧断路器（开关），后拉开低压侧隔离开关（刀闸）；作业前检查双电源、多电源和自备电源、分布式电源的客户已采取机械或电气连锁等防止反送电的强制性技术措施。

【解读】隔离开关（刀闸）没有灭弧装置，拉负荷电流时会产生电弧，为

避免电弧烧损刀闸或击伤操作人员，在低压配电线路和设备上进行停电时，应先拉开低压侧断路器（开关），后拉开低压侧隔离开关（刀闸）。

有双电源、多电源和自备电源、分布式电源的客户，为防止客户人员电气误操作导致反送电造成作业人员触电伤害，在作业前，检查客户电气设备已安装机械或电气连锁装置等防反送电的强制性技术措施。

（15）仅涉及个别设备、箱体内［低压公共区域（计量箱等）］停电的工作，应先断开负荷侧断路器（开关），再断开电源侧总断路器（开关）。

【解读】在低压公共区域（计量箱等）仅涉及个别设备、箱体内的停电工作，需要把区域内其余设备都停电。为避免停电时拉开负荷电流过大而导致事故，应先断开负荷侧断路器（开关），再断开电源侧总断路器（开关）。

（16）可直接在地面操作的断路器（开关）、隔离开关（刀闸）的操作机构应加锁；不能直接在地面操作的断路器（开关）、隔离开关（刀闸）应悬挂“禁止合闸，有人工作!”或“禁止合闸，线路有人工作!”的标识牌。熔断器的熔管应摘下或悬挂“禁止合闸，有人工作!”或“禁止合闸，线路有人工作!”的标识牌。

【解读】可直接在地面操作的断路器（开关）、隔离开关（刀闸）的操作机构应加锁，并在操作把手（操作孔）上挂“禁止合闸，有人工作!”或“禁止合闸，线路有人工作!”的标识牌，防止误操作。

2. 现场验电安全技术措施

（1）营销现场停电作业，接地前，应在装设接地线或合接地刀闸处使用相应电压等级的接触式验电器或测电笔，逐相分别验电。

【解读】合格验电器应具备以下条件：在定期试验有效期内，外观完好，绝缘部分无脏污，工作部分声光正确完好，在有电设备上试验指示正确等。室外低压配电线路和设备验电宜使用声光验电器。

（2）应在有人监护的情况下，架空配电线路和高压配电设备验电。

【解读】架空配电线路和高压配电设备是未装设接地线的线路和设备，都被视为有电设备，禁止作业人员直接触碰，验电时，应设专人监护。

（3）高压验电前，验电器应先自检合格并在有电设备上试验，确认验电器良好；无法在有电设备上试验时，可用工频高压发生器等确认验电器良好。

【解读】 为避免因验电器故障造成将有电判断为无电，导致人员触电伤害，在验电前，应确认验电器合格，方可进行验电。合格验电器应具备以下条件：在定期试验有效期内，外观完好，绝缘部分无脏污，工作部分声光正确完好，在有电设备上试验指示正确等。确认验电器良好，应在有电的设备上试验。当无法在有电设备上进行试验时，可采用工频高压发生器（正弦波的工频高压发生器）确证验电器良好，与电容型验电器工作原理及使用环境一致，不得采用中频、高频信号发生器确认验电器的良好。

（4）高压验电应戴绝缘手套。验电器的伸缩式绝缘棒长度应拉足，验电时手应握在手柄处不得超过护环，人体应与验电设备保持安全距离。

【解读】 加强人身安全防护，高压验电应戴绝缘手套。为保证验电时的人身安全，验电器的伸缩式绝缘棒应全部拉出，以保证达到足够的安全距离，手应握在验电器的手柄处不得超过护环，人体与被验电设备应大于规定的安全距离。

（5）雨雪天气室外设备宜采用间接验电；若直接验电，应使用雨雪型验电器，并戴绝缘手套。

【解读】 雨雪天气时，对户外电气设备验电，绝缘棒受潮不均，对地电容会发生变化，可能会发生不均匀湿闪，对验电人员造成伤害，因此宜采用间接验电。若直接验电，应使用带防雨罩的雨雪型验电器，并戴绝缘手套。

（6）低压验电前应先在低压有电部位上试验，以验证验电器或测电笔良好。

【解读】 为避免因验电器故障造成将有电判断为无电，导致人员触电伤害，在验电前，应确认验电器合格，方可进行验电。

（7）对同杆（塔）架设的多层电力线路验电时，应先验低压、后验高压，先验下层、后验上层，先验近侧、后验远侧。禁止作业人员越过未经验电、接地的10kV及以下线路对上层、远侧线路验电。线路的验电应逐相（直流线路逐极）进行。

【解读】“先低后高、先下后上、先近后远”的验电顺序，是按照同杆塔架设的多层导线分布形式以及作业时确保人体与未验明无电导线的安全距离来确定的。其他情况下，应先近后远。验电顺序还应与装设接地线共同完成，验一

层，装设一层，逐层完成。

10kV及以下线路的相间距离较小，作业人员穿越未经验电、接地的10kV及以下电压等级线路时存在人身触电的危险。因此，所有工作都禁止接触、接近未验电接地的线路和设备，禁止作业人员越过未经验电、接地的线路对上层、远侧线路进行验电。

逐相验电是防止由于断路器（开关）不能将三相可靠断开，导致线路带电或由于线路平行、邻近、交叉跨越等情况时，可能出现导线碰触造成线路一相或三相带电。

(8) 对无法直接验电的设备，应间接验电，即通过设备的机械位置指示、电气指示、带电显示装置、仪表及各种遥测、遥信等信号的变化来判断。判断时，至少应有两个非同样原理或非同源的指示发生对应变化且所有这些确定的指示均已同时发生对应变化，方可确认该设备已无电压。检查中若发现其他任何信号有异常，均应停止操作，查明原因。若遥控操作，可采用上述的间接方法或其他可靠的方法间接验电。间接验电方法，仅限于不具备直接验电条件的箱式变电站、环网柜、全封闭式铠装配电柜等配电设备。

【解读】非同样原理，如机械位置指示和带电显示装置，非同源为信号取自不同的地点。判断时，应有两个及以上非同样原理或非同源的指示发生对应变化且这些确定的所有指示均已同时发生对应变化，才能确认该设备已无电。任何一个信号未发生对应变化均应停止操作查明原因，否则不能作为验明无电的依据。

(9) 低压线路和设备停电后，检修或装表接电等工作前，应在与停电检修部位或表计电气上直接相连的可验电部位验电。

【解读】为确保检修作业或装表接电作业部位无电，低压检修或装表接电作业前，应在与停电检修部位或表计电气直接连接的可验电部位进行验电。

(10) 断开双电源、多电源、分布式电源以及带有自备电源的客户的连接点断路器（开关）后，应验明可能来电的各侧均无电压。

【解读】为确保工作地段各侧可能来电的电源确已停电，双电源、多电源、分布式电源以及带有自备电源的客户的连接点断路器（开关）断开后，断路器（开关）各侧即变成电气上互不相连的电气连接部位，避免造成人员触电伤害，验电应在可能来电的各侧分别进行。

3. 现场接地安全技术措施

(1) 当验明确已无电压后，应立即将检修的高压配电线路和设备接地并三相短路，电缆及电容器接地前应逐相充分放电，星形接线电容器的中性点应接地、串联电容器及与整组电容器脱离的电容器应逐个多次放电，装在绝缘支架上的电容器外壳也应放电。工作地段各端和工作地段内有可能反送电的各分支线都应接地。

【解读】 三相短路的作用是：当发生检修线路、设备突然来电时，短路电流使送电侧继电保护动作，断路器（开关）快速跳闸切断电源，同时，使残压降到最低程度，以保证检修线路、设备上作业人员的人身安全。

停电后，电缆及电容器仍有较多的剩余电荷，应逐相充分放电后再短路接地，停电的星形接线电容器即使已充分放电及短路接地，但由于其三相电容不可能完全相同，中性点仍存在一定的电位，所以，星形接地电容器的中性点应另外接地。与整组电容器脱离的电容器（如熔断器熔断）和串联电容器无法通过放电装置放尽剩余电荷，由于电容器的剩余电荷一次无法放尽，因此，应逐个多次放电。装在绝缘支架上的电容器外壳会感应到一定的电位，绝缘支架无放电通道，应单独放电。

工作地段各端（包括电源侧、负荷侧、各高低压分支）和有可能送电到停电线路工作地段的分支线应装设接电线，目的是放尽线路剩余电荷，防止线路突然来电，避免作业人员触电。

(2) 当验明检修的低压线路、设备确已无电压后，应采取所有相线和零线接地并短路、绝缘遮蔽或在断开点加锁，悬挂“禁止合闸，有人工作!”或“禁止合闸，线路有人工作!”的标识牌等任一措施防止反送电。

【解读】 将所有相线和零线接地并短路，可有效防止反送电、感应电和突然来电。绝缘遮蔽宜采取隔离并遮蔽，即在工作范围以外将带电部位隔离并进行绝缘包裹，使其与工作部位隔离。断开点加锁，即采用锁住低压开关箱门的方式。加锁后还应悬挂“禁止合闸，有人工作!”或“禁止合闸，线路上有人工作!”

(3) 配合停电的交叉跨越或邻近线路，在线路的交叉跨越或邻近处附近应

装设一组接地线。配合停电的同杆（塔）架设线路装设接地线要求与检修线路相同。

【解读】 为防止配合停电的交叉跨越或临近线路误送电对作业人员造成感应电伤害，应在邻近工作地点处或交叉跨越处装设一组工作接地线。配电同杆架设线路的线路间距离较小，在部分线路停电检修工作中随时可能碰触邻近其他线路，因此，配合停电的同杆（塔）架设线路，装设接地线要求与检修线路相同。

（4）装设同杆（塔）架设的多层电力线路接地线，应先装设低压、后装设高压，先装设下层、后装设上层，先装设近侧、后装设远侧。拆除接地线的顺序与此相反。

【解读】 在同杆塔架设的多回线路上装设接地线，验明线路无电压后应立即按操作过程中作业人员和导线接近、接触的先后顺序（即先低后高和先下后上的导线排列位置、先近后远的作业人员与导线之间的关系）来装设接地线，防止装设接地线时因突然来电或产生感应电而造成人员触电。拆除接地线时，顺序与装设接地线时相反，目的也是尽量避免拆除过程中线路突然来电对人员的触电伤害。

（5）低压配电设备、低压电缆、集束导线、充（换）电设备等停电检修，无法装设接地线时，应采取绝缘遮蔽或其他可靠隔离措施。

【解读】 可靠隔离措施：在工作范围外，将低压配电设备、低压电缆、集束导线、充（换）电设备等各端引线断开，与系统隔离，并将带电部分绝缘遮蔽，即拆除不能挂接地线一端的引线。

（6）成套接地线应用有透明护套的多股软铜线和专用线夹组成，接地线截面积应满足装设地点短路电流的要求且高压接地线的截面积不得小于 $25mm^2$，低压接地线截面积不得小于 $16mm^2$。

【解读】 有效的接地保护是防止检修作业人员触电的关键措施，突然来电时，接电线将流过短路电流，因此除应满足装设地点短路电流的要求外，还应满足机械强度的要求（$25mm^2$ 的接地线只是规定的最小截面积）。当接地线悬挂处的短路电流超过它的熔化电流时，突然来电的短路电流将熔断接地线，使检修设备失去接地保护。

（7）接地线应使用专用的线夹固定在导体上，禁止用缠绕的方法接地或短路，禁止使用其他导线接地或短路。

【解读】接地线端应采用螺栓压紧式，不宜采用弹簧压紧式。接地线是两端线夹应保证接地线与导体和接地装置接触良好、拆装方便、保证其接触良好，有足够的机械强度，并在大短路电流通过时不致松动。

用缠绕的方法进行接地或短路时：①接触不良，在通过短路电流时会造成过早的烧毁；②接触电阻大，在流过短路电流时产生较大的残压；③缠绕不牢固，易脱落。

使用其他导线接地或短路，其导电性能和软硬度不如软铜线，易折断或烧毁。

（8）杆塔无接地引下线时，可采用截面积大于 190mm^2（如 ϕ16 圆钢）、地下深度大于 0.6m 的临时接地体。土壤电阻率较高地区，如岩石、瓦砾、沙土等，应采取增加接地体根数、长度、截面积或埋地深度等措施改善接地电阻。

【解读】临时接地体埋设的截面积和深度与其接地电阻值直接相关，减小接地体电阻可减少导线上残压的存在时间和电压值。接地体的埋设深度应大于 0.6m。

当土壤电阻率过高时，可采取增大临时接地体与土壤的接触面积等措施来提高电流泄放速度。

城市道路旁边的杆塔，为保证需要使用临时接地体时能够有效接地，应在线路建设时设立相应的临时接地体，以便于停电检修时装设接地线。

（9）接地线、接地刀闸与检修设备之间不得连有断路器（开关）或熔断器。若由于设备原因，接地刀闸与检修设备之间连有断路器（开关），在接地刀闸和断路器（开关）合上后，应有保证断路器（开关）不会分闸的措施。

【解读】检修设备应在接地线、接地刀闸的保护范围内，如检修设备与接地线、接地刀闸之间连有断路器（开关）或熔断器，若发生误动、误碰等情况，将使断路器（开关）或熔断器断开，检修设备失去接地线、接地刀闸的保护。因此，接地线、接地刀闸与检修设备之间不得连有断路器（开关）或熔断器。

因设备原因只能通过断路器（开关）接地时，应有保证断路器（开关）不

会分闸的措施（如取下开关分闸电源熔断器，并加锁、挂“禁止分闸!”标识牌)，使检修设备接地保护可靠、有效。

（10）装、拆接地线，应做好记录，交接班时应交代清楚。禁止作业人员擅自变更工作票中指定的接地线位置，若需变更，应由工作负责人征得全部工作票签发人或工作许可人同意，并在工作票上注明变更情况。

【解读】装、拆接地线的编号、时间应填入操作票、工作票的相关栏目。在变电站装设接地线，运维人员应在模拟图中标注接地线的符号和编号；拆除接地线后，应在模拟图中取下已拆除接地线的符号。对防止感应电加装的工作接地线或个人保安线，应登录在工作票上。交接班时，运维人员应对已装设的接地线数量、编号进行核对，并与接班人员交代清楚。

（11）装设、拆除接地线应有人监护。装设、拆除接地线均应使用绝缘棒并戴绝缘手套，人体不得碰触接地线或未接地的导线。装设的接地线应接触良好、连接可靠。装设接地线应先接接地端、后接导体端，拆除接地线的顺序与此相反。

为保证接地前正确验电和装设位置正确，保证装、拆接地线时工作人员的人身安全，装、拆接地线时应在有人监护下进行。

【解读】装、拆过程中，由于可能发生突然来电或在有电设备上误挂接电线、停电设备有剩余电荷、邻近高压带电设备对停电设备产生感应电压等情况，因此要求装、拆接地线应使用绝缘棒并戴绝缘手套且人体不得触碰接地线或未接地的导线。

（12）作业人员应在接地线的保护范围内作业。禁止在无接地线或接地线装设不齐全的情况下进行作业。

【解读】接地线是防止工作人员触电的最有效技术措施。工作人员在接地线保护范围以外开展工作，或在接地线或接地线装设不齐全的情况下开展工作，就是在没有接地保护的技术措施下冒险作业，有极大的触电危险，这些不安全行为必须严格禁止。同样，工作过程中禁止擅自移动或拆除接地线。如受现场工作条件限制，只能挂接一组接地线，无法保证人体在接地保护范围内作业的，应视同带电作业。

（13）对于因交叉跨越、平行或邻近带电线路、设备导致工作范围内设备可能产生感应电压时，已接地但距离工作地点较远、未做有效的重复接地时，应加装接地线或使用个人保安线，加装（拆除）的接地线应记录在工作票上，个人保安线由作业人员自行装拆。

【解读】交叉跨越、平行或邻近带电线路可能在待检修的线路上产生感应电压，已接地但距离工作地点较远，未做有效的重复接地，为防止因感应电压造成人员伤害，应在检修线路、设备上根据需要加装接地线或使用个人保安线。现场加挂以及拆除的接地线，应全部记录在工作票上。

（14）个人保安线应在杆塔上接触或接近导线的作业开始前挂接，作业结束脱离导线后拆除。装设时，应先接接地端且接触良好，连接可靠。拆个人保安线的顺序与此相反。个人保安线由作业人员负责自行装、拆，加装（拆除）的接地线应记录在工作票上。

【解读】个人保安线应在人体接触、接近导线前装设，脱离导线后拆除，以防止作业人员受到感应电伤害。先接接地端后接导线端，确保它及时发挥保护作用。接触良好、连接可靠，目的是减小接触电阻和防止脱落。由作业人员自装自拆是明确责任，防止漏装、漏拆且应记录在工作票上。

（15）个人保安线应使用有透明护套的多股软铜线，截面积不准小于 $16mm^2$ 且应带有绝缘手柄或绝缘部件。禁止用个人保安线代替接地线。

【解读】个人保安线主要用于泄放感应电流而不是短路电流，因此个人保安线截面积可相对较小。为满足热稳定和机械性能要求，个人保安线的截面积应不小于 $16mm^2$。使用带有绝缘柄和绝缘部件的保安线，是为了满足安全距离，防止感应电伤人。个人保安线截面选择时未考虑承受短路电流能力，因此不能替代接地线使用。

4. 悬挂标识牌和装设遮栏（围栏）

（1）在一经合闸即可送电到工作地点的断路器（开关）和隔离开关（刀闸）的操作处或机构箱门锁把手上及熔断器操作处，应悬挂“禁止合闸，有人工作!”标识牌。

【解读】在配电设备和线路上的工作，对所有拉开的断路器（开关）、隔离开关（刀闸）、熔断器，应悬挂“禁止合闸，有人工作!”或“禁止合闸，线路有人工作!”的标识牌。

（2）应在工作地点有可能误登、误碰的邻近带电设备的地方，根据设备运行环境悬挂“止步，高压危险！”等标识牌。

【解读】在工作地点邻近带电部分的杆塔、设备及其他可能误等的带电构架上悬挂“止步，高压危险！”等标识牌。

（3）在工作地点或检修的配电设备上悬挂“在此工作！”标识牌。

【解读】根据工作票所指明的工作设备与地点，在检修设备及工作地点均应悬挂“在此工作！”的标识牌。标识牌应悬挂在检修设备或网门上，也可放置在作业区域的地面上。此标识牌用于站（室）内工作或地面上设备的部分停电工作。

（4）由于设备原因，接地刀闸与检修设备之间连有断路器（开关），在接地刀闸和断路器（开关）合上后，在断路器（开关）的操作处或机构箱门锁把手上，应悬挂“禁止分闸！”标识牌。

【解读】接地刀闸与检修设备之间连有断路器（开关），若断路器分开，则工作地段误接地线保护，因此，应将接地刀闸和断路器（开关）全部合上，分别在断路器和接地刀闸的操作处挂“禁止分闸！”标识牌，防止误拉开断路器和接地刀闸。所有合上接地刀闸的操作处，挂“禁止合闸！”标识牌，防止误拉开接地刀闸。

（5）高压开关柜内手车开关拉出后，隔离带电部位挡板应可靠封闭，禁止开启，并设置“止步，高压危险！”标识牌。

【解读】高压开关柜内手车开关拉出后，隔离带电部位的挡板应可靠封闭，因挡板与挡板后静触头带电部分的距离仅满足室内配电装置带电部分至接地部分的安全净距离，远小于不停电的安全距离，因此，该挡板封闭后是禁止开启的，同时应设置“止步，高压危险！”标识牌，提示工作人员禁止开启挡板。

（6）高低压配电室、开闭所部分停电检修或新设备安装，应在工作地点两旁及对面运行设备间隔的遮栏（围栏）上和禁止通行的过道遮栏（围栏）上悬挂“止步，高压危险！”标识牌。

【解读】高低压配电室、开闭所内部分停电工作，可将带电设备设封闭式围栏，向外悬挂“止步，高压危险！”标识牌；也可在工作地点设遮拦（围栏），向内悬挂“止步，高压危险！”标识牌，在遮拦（围栏）入口设“从此进出!”标识牌，在工作间隔设“在此工作!”标识牌；禁止通行的通道应设硬质遮拦，向工作点方向悬挂“止步，高压危险!”标识牌；通往带电区域的门应锁住，在门把手上向工作方向悬挂“止步，高压危险!”标识牌。

（7）配电站户外高压设备部分停电进行营销现场作业，应在工作地点四周装设围栏，其出入口要围至邻近道路旁边，并设有“从此进入!”和“在此工作”标识牌。工作地点四周围栏上悬挂适当数量的“止步，高压危险!”标识牌，标识牌应朝向围栏里面。

【解读】在户外进行高压设备部分停电的营销现场作业时，应在工作地点四周装设围栏，指定围栏安全入口，悬挂“从此进出!”和“在此工作”标识牌。

在工作地点装设的围栏上朝内悬挂“止步，高压危险!”标识牌，防止人员靠近有电设备。

（8）若配电站户外高压设备大部分停电，只有个别地点保留有带电设备而其他设备无触及带电导体的可能时，可以在带电设备四周装设全封闭围栏，围栏上悬挂适当数量的“止步，高压危险!”标识牌，标识牌应朝向围栏外面。

【解读】配电设备大部分停电工作，也可在带电设备周围设封闭式围栏，在围栏上朝外悬挂“止步，高压危险!”标识牌，防止人员接近有电设备。

（9）部分停电的工作，小于表 1-1 规定距离以内的未停电设备，应装设临时遮栏，临时遮栏与带电部分的距离不得小于表 1-2 的规定数值。临时遮栏可用坚韧绝缘材料制成，装设应牢固，并悬挂“止步，高压危险!”标识牌。

【解读】小于表 1-1、大于表 1-2 规定的安全距离，若不停电进行，可采取设置硬质遮拦的方式将带电部位与工作区域进行可靠隔离，其硬质遮拦设置应可靠，应有防止向带电设备倾倒的措施，硬质遮拦孔隙不应过大，以防止人员手臂探入。遮拦上朝工作区域方向悬挂“止步，高压危险!”标识牌。

（10）低压开关（熔丝）拉开（取下）后，应在适当位置悬挂“禁止合闸，有人工作!”或“禁止合闸，线路有人工作!”标识牌。

【解读】低压开关拉开（或熔丝取下）后，应在操作处悬挂“禁止合闸，有人工作!”或“禁止合闸，线路有人工作!”标识牌，目的都是防止误合开关、误装熔丝，造成的向工作地点送电。

（11）配电设备上进行营销现场作业，若无法保证安全距离或因工作特殊

需要，可用与带电部分直接接触的绝缘隔板代替临时遮栏，其绝缘性能应符合附录J的要求。

【解读】现场作业因特殊情况不能停电或因安全距离太小无法设置隔离遮拦时，可将能够与带电部分直接接触的、绝缘性能可靠的绝缘板设置在工作地点与带电部分之间，保证作业人员与有电部分之间的有效绝缘隔离。

工作人员装、拆该绝缘隔板时，应使用绝缘工具，不得直接碰触绝缘隔板。绝缘隔板应安装牢固，有足够的绝缘和机械强度。绝缘隔板平时应放置在干燥通风的支架上，使用前应检查。

（12）城区、人口密集区或交通道口和通行道路上施工时，工作场所周围应装设遮栏（围栏），并在相应部位装设警告标识牌。必要时，派人看管。禁止任何无关人员越过遮栏（围栏）。

【解读】为防止非作业人员进入作业现场导致人身伤害，应在作业区域相应位置装设安全围栏并悬挂警告标识牌。若装设围栏后尚不能有效阻止行人和车辆，还应安排专人进行看管，防止无关人员、车辆等进入作业区域。

（13）禁止作业人员擅自移动或拆除遮栏（围栏）、标识牌。除因工作原因需短时移动或拆除遮栏（围栏）、标识牌，需有人监护。完毕后应立即恢复。

【解读】擅自改动、拆除标识牌，会使安全警示失效。因相关事项需短时移动或拆除遮拦（围栏）、标识牌时，应有人监护。遮拦（围栏）暂时移动或拆除后，应中止作业，相关事项完成后，要立即恢复遮拦（围栏）。只有当遮拦（围栏）恢复正常后方可继续作业。

（14）标识牌的悬挂要求和式样见附录J。

【解读】用于配电线路的标识牌，考虑其需更加醒目，建议不小于300mm×240mm。

第二章　配电设备及线路安全

第一节　一 般 安 全 要 求

1. 营销作业人员在变电站主控制室、高压室、开关箱等计量装置及其二次回路上，进行巡视、装拆、负荷测试、压降测试、校验、调试等作业时，都应执行本部分要求。

【解读】营销作业人员若在变电站及发电厂内工作，均应按照本部分有关要求进行。

2. 作业前，应先分清相、零线，选好工作位置。断开导线时，应先断开相线，后断开零线。搭接导线时，顺序应相反。拆除导线的裸露部分后，应立即进行绝缘包裹，不得触碰导线裸露部分。人体不得同时接触两根线头。

【解读】因三相四线制线路的相线、用电设备与零线构成的回路都带电，如果先断开零线，后断开相线，将造成二次带电断线，增加触电风险。开始作业前，明确相线和零线，选取有利的工作位置。断开导线时，应先断开相线，后断开零线。搭接导线时，顺序相反。人体不能同时接触两根线头，以免被串入电路中发生触电。

3. 进行配电设备停电的营销现场作业前，应断开可能送电到营销现场作业设备各侧所有线路（包括客户线路）断路器（开关）、隔离开关（刀闸）和熔断器，并验电、接地后，才能进行工作。

【解读】配电网系统接线方式复杂、电源点多，停电时应断开所有可能送电到待检修设备、配电变压器各侧的所有线路、断路器（开关）、隔离开关

（刀闸）和熔断器，以防止突然来电和用户向线路反送电。停电检修设备通过验电、接地后，方可开展工作。

4. **配电设备接地电阻不合格时，应戴绝缘手套方可接触箱体。**

【解读】当配电设备接地电阻不合格时，戴绝缘手套方可接触箱体，以避免故障漏电，对工作人员造成触电伤害。

5. **配电设备应有防误闭锁装置，防误闭锁装置不准随意退出运行。**

【解读】配电设备须安装防误闭锁装置，不得随意将其退出运行，若需退出，应按照《国家电网有限公司防止电气误操作安全管理规定》有关要求履行批准手续。

6. **低压电气工作时应穿绝缘鞋和全棉长袖工作服，并戴低压作业防护手套、安全帽，使用绝缘工具；低压带电作业应戴护目镜，站在干燥的绝缘物上进行，对地保持可靠绝缘。**

【解读】低压电气工作的重点是防触电和电弧灼伤。工作时，应穿绝缘鞋和全棉长袖工作服，戴手套、安全帽、护目镜，并保持对地绝缘（穿绝缘鞋、站在绝缘胶垫或绝缘的梯凳上），谨防造成触电。

7. **低压电气工作前，应用测试良好的低压验电器或测电笔检验，检修设备、金属外壳和相邻设备是否有电，任何未经验电的设备均视为带电设备。**

【解读】为防止因停错设备或设备金属外壳漏电等导致需要检修的设备仍然带电，低压停电工作前，需采用专用低压验电器或测电笔验电。因低压设备间距较小，也应对其他设备进行验电，任何未经验电的设备，一律视为带电设备。

8. **低压电气工作，应采取措施防止误入相邻间隔、误碰相邻带电部分。**

【解读】为避免人身触电，重点防止作业人员误入相邻间隔、误碰带电部位。防止措施主要包括：①核对设备双重名称是否正确；②设置遮栏或围栏；③挂“运行设备”红布幔标识（针对相邻为独立间隔的）或绝缘隔离有电部位。

9. **低压电气工作时，拆开的引线、断开的线头应采取绝缘包裹等遮蔽措施。**

【解读】为防止线头搭接短路和误碰触电，对拆开的引线、断开的线头应采用绝缘遮蔽措施。

10. 所有未接地或未采取绝缘遮蔽、断开点加锁挂牌等可靠措施隔绝电源的低压线路和设备都应视为带电。未经验明确无电压，禁止触碰导体的裸露部分。

【解读】低压线路接线复杂，大量设备无明显断开点，因此对未接地或未采取绝缘遮蔽、断开点未加锁挂牌等，都应视为带电设备，作业人员不得触碰，防止人身触电情况。

11. 低压带电作业使用的工具，在作业前必须仔细检查合格后方能使用，对于有缺陷的带电作业工具禁止继续使用。

【解读】所有带电作业工具必须绝缘良好，连接牢固，转动灵活。其外裸露的导电部位应采取绝缘包裹措施，禁止使用金属类和带有金属物的工具，防止操作时相间或相对地短路。

第二节　配电设备及线路的工作

1. 柱上变压器台架工作前，应检查确认台架与杆塔连接牢固、接地体完好。

【解读】柱上配电变压器台架以及台架与杆塔之间的连接件可能存在铁构件腐蚀、连接紧固件松动或失效等隐患，因此，在柱上配电变压器台架上工作，须检查确认台架与杆塔间连接完好、台架主构件无明显锈蚀、紧固件无缺失或松动，确认后，方可开展台架上作业。

2. 柱上变压器台架工作，应先断开低压侧断路器（开关）、隔离开关（刀闸），再断开变压器台架的高压线路的隔离开关（刀闸）或跌落式熔断器，高低压侧验电、接地后，方可工作。若变压器的低压侧无法装设接地线或装设过程无法保持与高压带电部分安全距离，应采用绝缘遮蔽措施。

【解读】拉开低压断路器（开关），是为了防止带负荷拉隔离开关（刀闸）的误操作事故，先操作负荷侧（低压侧），再操作电源侧（高压侧），可减轻高压弧光短路的危害。

为防止突然来电和反送电，应在已停电的高、低压引线上验电、接地。因设备原因，低压侧无法装设接地线时，应确保低压侧刀开关拉开（有明显断开

点），并将刀开关出线端的接线端子拆除（接线端子缠绕绝缘胶布），以确保低压侧作业人员不受低压来电触电伤害，同时可消除低压向配电变压器高压反送电的风险。

3. 柱上变压器台架工作，人体与高压线路和跌落式熔断器上部带电部分应保持安全距离。

【解读】 在配电变压器台架上工作时，工作人员应视实际情况，与带电部位保持足够的安全距离。

4. 箱式变电站工作前，应断开所有可能送电到箱式变电站线路的断路器（开关）、负荷开关、隔离开关（刀闸）和熔断器，验电、接地后，方可进行箱式变电站的高压设备工作。

【解读】 在箱式变电站实施高压检修作业，由于箱式变电站空间较小，为防止突然来电和用户向线路反送电、误碰有电设备、误入有电间隔，应将箱式变电站高、低压各侧全部停电、各进出线全部接地。

5. 变压器高压侧短路接地、低压侧短路接地或采取绝缘遮蔽措施后，方可进入变压器室工作。

【解读】 在箱式变电站变压器室内工作，应将高低压侧停电、短路接地，确保无任何电源进入到工作点。

6. 配电站、开闭所工作，环网柜应在停电、验电、合上接地刀闸后，方可打开柜门。

【解读】 为防止误碰有电部分（或突然来电）触电，环网柜在停电、验电、合上接地刀闸后，方可打开柜门，严格执行配电柜“五防”闭锁的强制要求。

7. 配电站变压器室内的营销现场作业，人体与高压设备带电部分应保持表 1-1 规定的安全距离。

【解读】 在配电站的变压器室内工作时，人体与高压设备带电部分应保持表 1-1 规定的安全距离，并用硬质遮栏将带电区域、部位隔离，悬挂“止步，高压危险！”标识牌。

8. 在带电设备周围使用工器具及搬动梯子、管子等长物，应满足安全距离要求。在带电设备周围禁止使用钢卷尺、皮卷尺和线尺（夹有金属丝者）进行测量。

【解读】工器具、梯子、管子等长物，大部分不是完全绝缘的，在带电设备周围使用此类长物，极易误碰有电部位或接近有电部位（其距离小于安全距离），造成人员触电、设备损坏。同时，在带电设备周围，禁止使用钢卷尺、皮卷尺和线尺（夹有金属丝者）进行测量，以避免测量过程中因工具的金属导电部分与带电设备距离过小或直接触及带电部分，引起放电人身伤害和设备损坏。

9. 在配电站或高压室内搬动梯子、管子等长物，应放倒，由两人搬运，并与带电部分保持足够的安全距离。在配电站的带电区域内或邻近带电线路处，禁止使用金属梯子。

【解读】由于梯子、管子等长物在搬运过程中稳定性和控制性较差，极易误碰带电设备，造成人身伤害和设备损坏。因此在配电站或高压室内搬动梯子、管子等长物时，应先将其放倒，由两人进行搬运，并与带电部分保持足够的安全距离。

金属梯子在使用过程中，若其与带电部分的安全距离不够，会产生感应电、放电或直接触及带电部分，造成人身伤害和设备损坏。因此在配电站的带电区域内或邻近带电线路处，禁止使用金属梯子。

10. 架空绝缘导线不应视为绝缘设备，作业人员或非绝缘工器具、材料不得直接接触或接近。架空绝缘线路与裸导线线路停电作业的安全要求相同。

【解读】架空绝缘导线与电缆相比，无外护套，无接地铠装，长期露天运行或过负荷等会造成绝缘损坏。作业人员及非绝缘工器具、材料等均不准直接接触或接近架空绝缘导线。

11. 架空绝缘导线应在线路的适当位置设立验电接地环或其他验电接地装置，以满足运行、检修工作的需要。

【解读】为满足运行、检修人员验电、接地的需要，架空绝缘导线至少应在各分支线接入点、分段断路器（开关）两侧设置验电、接地装置。

12. 禁止作业人员穿越未停电接地或未采取隔离措施的绝缘导线进行工作。

【解读】10kV及以下线路的相间距离较小，作业人员穿越时未采取有效安全防护措施，极易发生人身触电。因此，10kV及以下电压等级的带电线路禁止穿越。

13. 在停电检修作业中，开断或接入绝缘导线前，应做好防感应电的安全

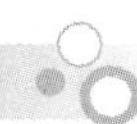

措施。

【解读】绝缘导线与其他电力线路平行、邻近和交叉跨越时，导线中容易产生感应电，绝缘导线的验电、接地装置安装有一定的间隔，依靠两端的接地装置上装设的接地线可能无法泄放全部的感应电，因此应在作业前做好防感应电措施，如在绝缘导线开断或接入部位进行接地。

第三节　低压电气设备工作

1. 低压电气设备中的开断设备应易于操作，并有明显的开断指示。

【解读】低压设备应易于操作、并有明显的开断指示，如开断后的机械分合指示位置、带电显示装置标识等。

2. 在低压用电设备上停电工作前，应断开电源、取下熔丝，加锁或悬挂标识牌，确保不误合；应验明确无电压，方可工作。

【解读】为防止停电检修的低压用电设备上一级电源被他人误合，造成作业人员触电。停电工作前，应断开电源，取下熔丝，并在电源开关处加锁或悬挂标识牌。

3. 电容器柜内工作，应断开电容器的电源、逐相充分放电后，方可工作；在配电柜（盘）内工作，相邻设备应全部停电或采取绝缘遮蔽措施。

【解读】为避免发生人身触电事故，在低压用电设备上的停电工作，应严格执行停电、验电、接地、悬挂标识牌的技术措施，并采取断开电源、验电、取下熔丝，加锁或悬挂标识牌等可靠隔离措施。

4. 当发现低压配电箱、金属计量箱箱体带电时，应断开上一级电源，查明带电原因，并作相应处理。

【解读】接触配电箱、电能表箱箱体前，应进行验电。当发现配电箱、电能表箱箱体带电时，应从上一级电源断开，防止由于内部绝缘损坏或其他漏电等造成配电箱或电能表箱带电。若从上级电源断开后仍然有电，为防止反送电等情况，应再查接线情况、负荷侧等，视具体情况解除带电隐患后，方可继续作业。

5. 使用钳形电流表测量低压线路和配电变压器低压侧电流，应注意不得触及其他带电部位，以防相间短路。

【解读】低压线路和配电变压器低压侧相间距离较小，测量时工作人员容易触及其他带电部分造成设备短路，因此使用钳形电流表测量张开钳口时应注意不得触及其他带电部分，以防损坏相邻的低压线路、设备。

6. 低压带电作业时，应采取绝缘隔离措施防止相间短路和单相接地；若无法采取绝缘隔离时，则将影响作业的有电设备停电；作业范围内电气回路的剩余电流动作保护装置应投入运行。

【解读】低压线路、设备各相间距离较小，设备内部的电气距离也较小，低压电气带电工作时容易发生相间短路或单相接地，因此在低压带电工作中，应采取可靠的绝缘隔离措施，例如使用绝缘隔板、绝缘胶垫、绝缘套管、对作业工具进行绝缘包裹等。

同时，为确保人身意外触电时能够得到有效保护，在作业范围内电气回路的剩余电流动作保护装置（漏电保护器）应投入运行且不得随意退出。

7. 带电断、接低压导线应有人监护。断、接导线前应核对相线（火线）、零线。断开导线时，应先断开相线（火线），后断开零线。搭接导线时，顺序应相反。

【解读】低压带电作业具有一定的触电风险，因此须在监护下进行，监护人员一般为工作负责人或专责监护人。同时，在低压配电网中采取的是接零保护和接地保护，零线相对安全，因此须按照以下流程开展作业：断开负荷，核对相线、零线后，先断相线、再断零线。

8. 禁止人体或金属物体同时接触两根线头或其他相互绝缘且可能带电的金属部位；禁止带负荷断、接导线。

【解读】为防止形成回路，造成人员触电，禁止人体同时接触两根线头。带负荷断接导线相当于带负荷拉、合闸，产生电弧，易发生对作业人员电弧灼伤和对人体放电风险，因此禁止带负荷断、接导线。

9. 在未确认线缆是否带电时，不得用钳子同时剪开两根布电线或两芯以上电缆。

【解读】在未确认线缆是否带电的情况下，用钳子同时剪开两根布电线或

两芯以上电缆易引起短路，造成电弧灼伤。

第四节　高压侧计量工作

1. 在变电站内计量验收等工作时，应要求施工方进行现场安全交底，做好相关安全技术措施，确认工作范围内的设备已停电，安全措施符合现场工作需求，明确设备带电与不带电部位、施工电源供电区域等。

【解读】输变电工程中计量人员主要参与勘察、试验、验收送电等环节，对现场整体的施工建设进度、安全措施、邻近带电设备、工作中的注意事项等情况了解不够且现场往往是多班组、多单位作业，环境情况较为复杂，所以工作前必须要求施工方进行安全交底，做好相关安全技术措施。

施工方应对工作负责人指明带电设备位置或带电部位、施工电源供电区域，告知危险点和注意事项。

2. 进入施工现场，应注意脚下电缆沟盖板的虚实，确保交叉作业及人体与高压设备带电部分保持表1-1规定的安全距离。

【解读】保持安全距离的目的是防止人员与高压设备带电部分距离较近或触碰，造成人身触电事件。安全距离的确定，详见第一章第三节释义。

3. 在变电站高压设备区试验前需接外接电源时，外接电源必须从专用检修电源箱接入。接电源时须使用箱内专用的漏电保护器，不得和其他的电源共用。

【解读】在变电站高压设备区域试验前需使用外接电源开展工作且外接电源必须从专用检修电源箱接入，接电源时须使用箱内专用的剩余电流动作保护器（漏电保护器），不得和其他的电源共用，保证作业人员及设备的安全。

4. 试验电源应按电源类别、相别、电压等级合理布置，并设明显的安全标志。

【解读】试验电源合理布置，并设置安全标志，便于试验人员检查试验电源接线是否正确，有效控制试验区位置，减少对周围作业人员危险。

5. 在屏柜上拆接线时应在端子排内侧进行，拆开的线应包好，并注意防止误碰其他运行回路，禁止将运行中的电流互感器二次回路开路及电压互感器二次回路短路、接地。

【解读】在屏柜上内侧拆接线时，应在外侧进行拆接线，原因是：①试验设备的二次接线尾线易剐蹭其他接线；②屏柜内部空间往往不大，不易操作，特别是在内侧端子排视线有遮挡的情况，容易发生错接错拆线。拆开的线应及时进行绝缘包封，防止触及其他带电部分，造成触电或运行设备接地、短路，绝缘包封应随拆随包，不得将多根线头拆开后一起包封。

6. 在电能计量装置、采集终端等设备上，进行巡视、装拆、负荷测试、压降测试等工作时，应按照第一章第三节相关要求填写工作票。

【解读】营销专业二次系统上的工作，即包括在电能计量装置、采集终端等设备上，进行巡视、装拆、负荷测试、压降测试、校验、调试等工作开展应按照 DL/T 448《电能计量装置技术管理规程》、DL/T 1664《电能计量装置现场检验规程》有关要求进行，并按照本手册第一章第三节要求填用工作票。

7. 营销作业人员在现场工作时，遇到异常情况，不论与本身工作是否有关，应立即停止工作，维持现状，待查明原因，确定与本工作无关时，方可继续工作。

【解读】在二次系统上工作的紧急处理要求是“停止工作、保持现场、查明原因”。作业人员工作中遇到开关跳闸、直流系统接地等异常情况，应立即停止工作，保持现状，防止因继续工作造成事故扩大，同时第一时间与运维人员联系确认事故是否为本工作引起，待查明原因后，可继续工作或采取相应措施。

8. 在全部或部分带电的运行屏（柜）上进行工作时，应将检修设备与运行设备前后以明显的标志隔开。

【解读】在部分停运的屏（柜）上工作前，应在屏（柜）的前后（包括端子排、压板、切换开关等）都做好明显的隔离措施（如使用红布帘、红白带、单元之间的隔离线等）。在全屏（柜）停运的屏（柜）上工作前，应对相邻运行屏（柜）做相应的隔离措施。

9. 在电能计量装置屏间的通道上搬运或安放试验设备时，不能阻塞通道，须与运行设备保持一定距离，防止事故处理时通道不畅，误碰运行设备，造成

互感器二次回路短路、接地、相关运行设备继电保护误动作等。清扫计量二次回路时，要防止振动、误碰且使用绝缘工具。

【解读】二次系统屏之间的通道一般间距较近，若与运行设备距离较近，易造成电压互感器二次回路短路或接地、电流互感器二次回路开路，继电保护误动作，引起误跳开关，因此搬运或安放试验设备时，应与运行设备保持一定距离。同时不能阻塞通道，以免出现突发紧急事件时，人员无法迅速撤离，或延误事故处理及人员抢救。

10. 电能计量装置做现场校验或一次通电时，应事先通知运维与其他有关人员，并由专人到现场监视，方可进行。

【解读】电能计量装置做现场校验时，往往会经常调整断路器（开关）状态或使设备带电，所以试验前应通知运维人员等其他有关人员，确保试验过程中与试验设备保持安全距离，不会有人误触试验设备，避免对人员造成伤害。

进行通电试验时，应通知运维人员和有关人员，并派人到现场看守，检查二次回路及一次设备安全距离以内无人，方可开始试验。

11. 在带电的电流互感器二次回路上工作时，应采取下列安全措施：禁止将电流互感器二次侧开路；短路电流互感器二次绕组，应使用短路片或短路线，禁止用导线缠绕；在电流互感器与短路端子之间导线上进行任何工作，应有严格的安全措施；工作中禁止将回路的永久接地点断开；工作时，应有专人监护，使用绝缘工具，并站在绝缘垫上。

【解读】电流互感器在正常运行时，如果二次回路开路，在二次绕组两端会产生很高（可达几千伏）的电压，可能损坏二次绕组的绝缘，并威胁工作人员的人身安全。二次开路还会引起铁芯损耗增大，造成发热，严重时甚至损坏一次绝缘。因此禁止将电流互感器二次侧开路。

短路电流互感器二次绕组，应使用短路片或短路线，确保连接可靠。若使用导线缠绕，容易造成接触不良或虚接，二次回路开路，对人身和设备安全造成严重威胁，因此，禁止用导线缠绕。

在带电的电流互感器与短路端子之间导线上进行工作风险较大，一般不建议。若特殊情况下需要工作，应站在绝缘垫上，使用的工具采用绝缘包裹措施，有人监护，防止误碰、误接线等。

二次回路的永久接地点断开后，当发生电流互感器一、二次绕组间耦合或绝缘击穿，高电压窜入二次回路时，将造成人员伤害或设备损坏，因此工作中禁止将回路的永久接地点断开。

为防止二次回路开路时危及人身安全，在运行的电流互感器二次回路上工作，应有专人监护，使用绝缘工具，并站在绝缘垫上。

12. 在带电的电压互感器二次回路上工作时，应采取下列安全措施：严格防止短路或接地；使用绝缘工具，戴手套和护目镜，并保持对地绝缘；必要时，工作前申请停用有关保护装置或自动化监控系统；接临时负载，装有专用的隔离开关（刀闸）熔断器；工作时有专人监护，禁止将回路的安全接地点断开。

【解读】电压互感器正常运行时相当处于开路状态，二次侧电流很小，当二次侧短路或接地时，会产生很大的短路电流，烧坏电压互感器，所以二次侧均装有熔断器或空气开关用于短路时断开，起到保护作用。

熔断器或空气开关断开后，会使保护测量回路失去电压，可能造成有电压元件的保护误动或拒动。为避免此类情况发生，必要时，应申请停用相应装置。

接临时负载时，因不可控因素较多，工作中遇紧急状况需及时切断电源，同时避免越级熔断造成运行设备失压或误动，故要求装设专用隔离开关（刀闸）和熔断器。

当电压互感器一、二次绕组之间耦合或绝缘击穿时，高电压将会窜入二次回路，危险性较大，可能造成人身设备事故。因此，在运行的电压互感器二次回路上工作，应有专人监护，禁止将回路的安全接地点断开。

13. 进行计量二次回路通电或耐压试验前，应通知运维与其他有关人员，并派人到现场看守，确认二次回路及一次设备上无人工作后，方可加压。试验时，为防止由二次侧向一次侧反充电，应将二次回路断开，并取下电压互感器高压熔断器或断开电压互感器一次隔离开关（刀闸）。

【解读】在电压互感器二次回路上进行通电试验，若不取下电压互感器高压熔断器或断开电压互感器一次隔离开关（刀闸），会通过电压互感器在一次设备上产生高电压，此时如果一次设备上有人，则会造成人身伤害；耐压试验是对设备施加高电压验证绝缘性能，此时如果回路上有人，将会造成人身伤害。因此，应通知运维人员和有关人员，并派人到现场看守，检查二次回路及

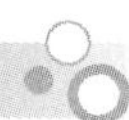

一次设备上确无人工作后，方可加压。

14. **为防止激光对人眼造成伤害，在光纤回路工作时，应采取相应防护措施。**

【解读】人眼长时间直接面对从激光器或光纤接头处射出的激光时，可能对眼睛造成伤害。故在光纤回路工作时应采取戴护目镜、避免直视等措施，避免受到伤害。

15. **作业人员在校验电能表、电压互感器、电流互感器时，不得操作正在运用中的非计量设备、信号系统、保护连接片（压板），同时禁止在变电站内操作、拉合与工作无关的检修断路器。**

【解读】运行设备与检修设备的控制开关往往在同一块控制屏上，为了防止检修人员试验时误碰、误动运行设备，要求作业人员在控制盘上拉合检修断路器（开关）之前，取得运维人员许可并在需要操作的控制开关两侧的其他控制开关上做好防止误操作的措施。操作微机的监控系统前，也应在微机操作画面上采取相应的防止误操作措施，如对检修设备进行挂牌等。营销作业有需求时，应向运维人员提出申请，由运维人员许可后操作或由运维人员配合操作完成检修试验。

16. **电能计量装置的二次回路变动时，应按经审批后的图纸进行，无用的接线应隔离清楚，防止误拆或产生寄生回路，拆开的线头应采取绝缘包裹，或者整条二次线拆除清理。**

【解读】图实相符是二次回路工作的基本要求。二次回路改变连接，或更换部分元器件，但图纸未及时修改，时间周期一旦过长，档案图纸就和实际接线不能对应，不利于故障排查及事故抢修，所以二次回路的变动要履行审批流程，保证图纸与实际接线相一致。无用的接线经核对后应及时拆除，防止产生寄生回路。

17. **当打开箱（柜）门进行检查或操作时，应站位至箱门侧面，避免箱内设备异常引发伤害。箱门开启后应对其进行固定，防范由于刮风或触碰造成箱门异常关闭而导致事故。**

【解读】打开箱（柜）门时，可能引发箱内设备爆裂、异物进射等异常现象，对检查人员造成伤害，因此应站位至箱门侧面。测量人员工作中注意力往往集中在设备或仪器仪表上，此时如果由于刮风或触碰造成箱门异常关闭，可能会夹伤测量人员，或对设备或二次回路造成损坏，因此应采取有效措施对箱门进行固定。

18. 现场检修：工作前，应确认已做的安全措施符合要求，运行设备和检修设备之间的隔离措施正确完成。工作时，应仔细核对检修设备名称，严防走错位置；在全部或部分带电的运行屏（柜）上工作，应将检修设备与运行设备以明显的标志隔开；作业人员在接触运用中的二次设备箱体前，应用测试良好的低压验电器或测电笔确认其无电压。

【解读】二次设备从外观看，运行设备与被检验设备的型号、相对位置等差别不大，容易看错设备、走错间隔，因此，在二次系统工作前，应仔细检查安全措施是否符合要求、隔离措施是否完备。在工作中，核对检修设备双重名称，严防误入间隔、误登杆、误换相位。

工作中，相邻的运行屏仍有运行设备或工作屏柜有运行设备，应在一、二次运行设备和检修设备之间采取隔离措施，明确工作间隔中保留的带电部分，防止误碰运行设备：全屏柜停运时，相邻运行屏（柜）前后均要做相应的隔离措施，如“运行设备”红布幔、“运行，禁动”提示标识和围栏、硬质遮栏等；部分带电的运行屏柜上工作时，屏柜前后带电设备（包括端子排、压板、切换开关等）应使用专用的界隔屏、板、架、尼龙膜护罩等进行隔离，防止作业人员误触，误动，误登运行中的设备。

为避免箱体未接地、接地电阻不合格、箱体内部设备绝缘损坏等情况，发生漏电使箱体带电，接触前需验电确认箱体不带电，防止作业人员接触有电柜体触电。

第五节　高压试验与测量工作

1. 测量工作应在良好天气时进行。

【解读】在恶劣天气条件下进行测量工作，会对试验设备和试验人员造成安全威胁，同时影响测量精度，因此测量工作一般在天气情况良好时进行。

2. 直接接触设备的电气测量，应有人监护。测量时，应有足够的照明且人体与高压带电部位不得小于表 1-1 规定的安全距离。

【解读】遇到需要一个人直接接触设备进行电气测量时，应在其他人监护下进行，避免发生意外事故。若照明度不够，影响测量准确性，因此，测量时有足够的照明，同时需要注意，时刻与带电设备保持足够的安全距离。

3. 高压试验的试验装置和测量仪器应符合试验和测量的安全要求。

【解读】定期检测试验高压试验的试验装置和测量仪器，试验前确保试验装置和测量仪器完好，测量时使用相应电压等级且合格的装置和仪器。

4. 高压试验与测量工作包含变电站内一次设备区各电压等级互感器、运用中周期性校验、绝缘电阻测量等工作。

【解读】高压试验与测量工作包含但不限于本条款列举的工作，凡是变电站及发电厂内高压试验与测量工作，均应按照本部分内容执行。

5. 互感器现场校验，校验对象主要包括各电压等级电压互感器、电流互感器，应按照要求填写工作票。

【解读】互感器现场校验是对各电压等级电压互感器、电流互感器等的准确性进行现场检验。

6. 如果校验过程中，需要检修配合，应将检修人员填写在高压试验工作票中。在一个电气连接部分同时有检修和校验时，可填用一张工作票，但在校验前应得到检修工作负责人的许可。如加压部分与检修部分之间的断开点，按校验电压有足够的安全距离，并在另一侧有接地短路线时，可在断开点的一侧进行校验，另一侧可继续工作。但此时在断开点应挂有“止步，高压危险!”的标识牌，并设专人监护。

【解读】在一个电气连接部分进行互感器现场校验，为保证人身及设备安全。互感器现场校验工作需检修人员配合，检修人员应列入互感器现场校验工作票中；也可以将互感器现场校验人员列入检修工作票中，但在校验前应得到检修工作负责人的许可。若检修、互感器现场校验分别填用工作票，检修工作已先行许可工作，互感器现场校验工作票许可前，应将已许可的检修工作票收回，检修人员撤离到安全区域。互感器现场校验工作票未终结前不得许可其他工作票，以防其他人员误入试验区、误碰被试设备造成人身触电伤害。

加压部分与检修部分之间已拉开隔离开关（刀闸）或拆除电气连接，断开点满足被试设备所加电压的安全距离，检修侧已接地，可在断开点的一侧试验，另一侧继续工作。试验前应在断开点处装设围栏并悬挂“止步，高压危险!”的标识牌，并设专人监护，防止检修人员靠近试验设备发生危险。

7. 互感器现场校验工作不得少于三人。校验负责人应由有经验的人员担任，试验前，校验负责人应向全体试验人员详细布置试验中的安全注意事项，交代邻近间隔的带电部位，以及其他安全注意事项。

【解读】 互感器现场校验不得少于三人，两人操作，一人监护，必要时还可增设专责监护人。应由有现场经验的人员担任校验负责人，试验工作开始前，校验工作负责人应向全体校验人员详细交代校验的停电范围、工作内容（被试设备名称、试验项目、试验方法等）、人员分工、邻近间隔的带电部位、应使用的安全工器具以及校验工作中的其他安全注意事项。

8. 因校验需要断开设备接头时，应在拆前应做好标记，接后进行检查。

【解读】 因试验需要断开（拆）设备一、二次接头时，为防止恢复时错接、漏接，断开（拆）前应做好标记，恢复时核对标记，连接后还应检查、确认。

9. 校验装置的金属外壳应可靠接地；高压引线应尽量缩短，并采用专用的高压试验线，必要时用绝缘物支持牢固。

【解读】 试验装置的电源开关，应使用明显断开的双极隔离开关（刀闸）。试验装置的低压回路中应有两个串联电源开关，并加装过载自动跳闸装置。

10. 校验现场应装设遮栏或围栏，设置要求按照本手册第一章第四节要求执行。

【解读】 互感器校验现场应装设遮栏或围栏，悬挂“止步，高压危险!”的标识牌，并派人看守，防止其他人员靠近或进入高压试验区域触电。对于被试设备其他所有各端也应装设遮栏或围栏、悬挂标识牌，分别派专人看守，看守人未接到试验完毕的通知不得随意撤离。装设遮栏或围栏与被试设备的距离应符合所加电压的安全距离。

11. 检修电源的接拆必须两人进行，一人接拆线，一人监护。检修电源合闸后，应悬挂“禁止分闸，有人工作!”的标识牌。

【解读】 接拆电源不得少于两人，一人操作，一人监护。避免操作不当，

发生人身触电。校验过程中，应悬挂“禁止分闸!”的标识牌，避免有人误断开检修电源，危及人身、设备和仪器的安全。

12. 高压试验用接地线须用多股裸铜线或外覆绝缘层的铜质软绞线，其截面应能满足试验要求且不得小于 $4mm^2$。

13. 高压引线截面应满足正常试验电流和击穿后瞬时电流要求，不得使用熔丝作为高压引线和短接线。

【解读】高压引线截面应满足试验要求，即正常试验和击穿后不得熔断，防止带电断头掉落到人体或设备上发生事故。

14. 变更接线或校验结束时，应首先断开校验电源、放电，并将升压设备的高压部分放电、短路接地。

【解读】变更接线或校验结束时，应先断开校验装置的电源断路器（开关），拉开隔离开关（刀闸），戴绝缘手套用高压放电棒对升压设备高压部分进行充分放电，放电后用接地线将升压设备高压部分短路接地。

15. 校验结束时，校验人员应拆除自装的接地短路线，检查被校验设备，将其恢复至校验前状态，经试验负责人复查后，方可清理现场。

【解读】为防止校验人员将需要自行装设的接地线、短路线遗留在被试设备上，杜绝因此而引发的设备短路事故，校验结束时，校验人员应核对自行装设的试验专用接地线和短路线、放电间隙等的记录，全部予以拆除。工作负责人要认真检查确认被试设备上未遗留试验短路线、工器具、杂物等且被校设备及接线已恢复到校验前状态后，再清理工作现场。

16. 使用携带型仪器在高压回路上工作时，应至少由两人进行，需要高压设备停电或做安全措施的，按照本手册第一章第三节要求填写工作票。

【解读】在高压回路进行测量工作时，禁止一人进行，至少应有两人，其中一人操作，另一人负责监护。避免操作不当，危及人身、设备和仪器的安全。

17. 除使用特殊仪器外，所有使用携带型仪器的测量工作，均应在电流互感器和电压互感器的二次侧进行。

【解读】某些仪器因为在设计制造时已经满足了在高电压条件下工作的技术条件、绝缘水平、安全性能，所以它们可以直接接触高压设备导电部分，而其他携带型仪器，如万用表、电压表、电流表等都不能满足上述条件，所以只能在电流互感器和电压互感器的二次侧进行。

18. 电流表、电流互感器及其他测量仪器的接线和拆卸，须断开高压回路者，确认将此回路所连接的设备和仪器全部停电后，方可进行。

【解读】为防止二次电流回路所连接的设备和仪器向高压侧反送电，当使用高压试验电流互感器（如标准电流互感器）或在二次侧施加试验电流需要断开电流互感器的高压回路时，应先将施加电流回路所连接的设备和仪器全部停电。

19. 电压表、携带型电压互感器和其他高压测量仪器的接线和拆卸，无需断开高压回路者，可带电工作。但应使用耐高压的绝缘导线，导线长度应尽可能缩短，无接头，并应连接牢固，以防接地和短路，必要时用绝缘物加以固定。

【解读】缩短试验引线，不准有接头和选用能承受试验电压的绝缘物支持试验线，均是为了使试验引线和被试设备的连接可靠，防止试验引线掉落，发生接地和短路。

20. 使用电压互感器进行工作时，应确保低压侧所有接线接好后，再用绝缘工具将电压互感器接到高压侧。作业人员应戴手套和护目眼镜，站在绝缘垫上，并有专人监护。

【解读】操作人站在绝缘垫上，与地电位隔离，避免仪器或设备故障对人身造成伤害。

21. 连接电流回路的导线截面，应适合所测电流数值。连接电压回路的导线截面不得小于 1.5mm^2。

【解读】试验用电流回路的导线截面，应适合于所测电流数值的要求，也要满足机械强度要求（截面不小于 1.5mm^2）。

22. 非金属外壳的仪器，应与地绝缘；金属外壳的仪器和变压器外壳应接地。

【解读】非金属外壳的仪器应放在绝缘垫或绝缘台上使用，避免仪器损坏时内部回路接地或短路。试验装置的金属外壳和变压器外壳应可靠接地，防止试验装置和变压器内部故障引起外壳带电，危及试验作业人员的人身安全。

23. 钳形电流表应保存在干燥室内，使用前应将其擦拭干净。

【解读】钳形电流表应保存在干燥的环境下，以避免潮湿影响其绝缘水平，使用前擦拭干净，避免潮湿、脏污，危及作业人员的人身安全。

24. 在高压回路上测量时，禁止用导线从钳形电流表另接表计测量；测量时若需拆除遮栏，应在拆除遮栏后立即进行。工作结束，及时将遮栏恢复原状。

【解读】在高压回路上用钳形电流表测量电流时，因钳形电流表距带电部分较近，如果另接表计进行测量，连接的导线可能晃动碰触带电部分或与带电部分过近，危及工作人员的安全或损坏钳形电流表，还可能发生二次开路的危险，所以禁止用导线从钳形电流表另接表计测量。

25. 使用钳形电流表时，应保证钳形电流表的电压等级与被测设备相符。测量时戴绝缘手套，穿绝缘鞋（靴）或站在绝缘垫上，不得触及其他设备，以防短路或接地。观测表计时，需留有头部与带电部分的安全距离。

【解读】因电压等级不同，钳形电流表的绝缘强度、量程范围也不相同，如选择不当，就可能造成人身伤害及钳形电流表损坏事故。因此使用钳形电流表时，钳形电流表的电压等级应符合被测设备电压等级的要求。

为加强人身安全防护，测量人员应戴绝缘手套、站在绝缘垫上（或穿绝缘鞋、绝缘靴），工作中不得触及其他设备，以防短路或接地。

由于在测量时，测量人员注意力往往集中在观测电流表的数据，此时头部可能靠近带电部分，所以要提醒测量人员注意头部与带电部分应保持足够的安全距离。

26. 测量低压熔断器和水平排列低压母线电流时，测量前应将各相熔断器和母线用绝缘材料加以包护隔离，以免引起相间短路，同时应注意不得触及其他带电部分。

【解读】为防止测量时低压熔丝熔断产生弧光或经过钳形电流表形成对地或相间短路，测量电流的低压熔断器应用绝缘材料保护隔离。为防止测量水平排列低压母线电流及观测钳形电流表数据时对地或相间短路，也应用绝缘材料将母线包护隔离。

由于低压母线相间距离小，钳形电流表张开钳口测量时应注意不得触及其他带电部分。

27. 在测量高压电缆各相电流时，电缆头线间距离应在300mm以上，在确保相位无接地、绝缘良好、测量方便的前提下，方可进行。

【解读】用钳形电流表测量高压电缆各相电流一般在电缆头分相处进行，测量电缆头线间应保持在300mm以上距离，使钳形电流表测量时的组合间距达到绝缘强度要求，同时要确认绝缘良好，方可测量高压电缆的各相电流。

28. 加压前应认真检查校验接线，使用规范的短路线，表计倍率、量程、调压器零位及仪表的开始状态均正确无误，经确认后，通知所有人员离开被校设备，并取得校验负责人许可，方可加压。加压过程中应有人监护并呼唱。互感器现场校验作业人员在全部加压过程中，应精力集中，随时警戒异常现象发生，操作人应站在绝缘垫上。

【解读】为防止互感器现场校验接线错误，造成被校设备损坏以及校验数据不准确，校验加压前应全面检查所有接线正确、可靠。应使用专用的规范短路线，不得将熔丝、细铜丝作为短路线。

加压前，所有人员应撤离到被校设备所加电压的安全距离以外，经工作负责人许可后方可加压。校验人员在加压过程中应集中注意力，按照分工监视仪表、仪器和被校设备是否正常，加压过程中应随着电压的升高逐点呼唱，以保证校验人员之间的相互配合和提醒，又可根据逐点的数据判断被试设备情况，以便采取措施处理突发的异常情况。操作人应站在绝缘垫上，与地电位隔离，避免仪器或设备故障对人身造成伤害。

第三章　电能计量相关工作安全

第一节　电能表与采集终端的装拆、现场校验及相关工作

1. 电能表、采集终端装拆、调试时，宜断开各方面电源（含辅助电源）。若不停电进行，应做好绝缘包裹等有效隔离措施，防止误碰运行设备、误分闸。

【解读】在进行电能表、采集终端装拆、调试时，应断开来电侧电源隔离开关（刀闸）或者丝具，并在计量箱或配电箱周围设活动围栏，挂“止步！高压危险”标识牌；若带电进行，工作时应将其他带电设备用绝缘隔板将带电部位可靠隔离。

2. 电源侧不停电更换电能表时，直接接入的电能表应将出线负荷断开，应有防止相间短路、相对地短路、电弧灼伤的措施。

【解读】相间短路、相对地短路、电弧灼伤会对作业人员和设备造成极大损害，因此电源侧不停电更换直接接入的电能表时，应先将出线负荷断开，并采取防止相间短路、相对地短路、电弧灼伤的措施。

3. 经互感器接入电能表的装拆、现场校验工作，应有防止电流互感器二次侧开路、电压互感器二次侧短路、防止相间短路、相对地短路、电弧灼伤的措施。工作前认真核对所更换的电能表型号、电压等级，准确度等级及相关参数是否与所下发工单信息一致，避免表计工作电压与实际接入电压不符，造成烧表或引起计量差错。

【解读】经互感器接入电能表的装拆、现场校验工作，必须严格执行《营销

现场作业安全工作规程》8.2.11 和 8.2.12 规定，做好防止电流互感器二次侧开路、电压互感器二次侧短路和防止相间短路、相对地短路、电弧灼伤的措施。

4. 对于不具备电能表接插件的三相直接接入式计量箱，其三相直接接入式电能表装拆应停电进行。

【解读】不具备电能表接插件的三相直接接入式计量箱电能表的装拆，若不停电进行，极易造成相间短路、相对地短路、电弧灼伤等事故。

5. 现场校验时应认清设备接线标识，设专人监护，工作完毕接电后要进行检查核验，确保接线正确，接线时螺丝应紧固并充分接触。

【解读】现场校验至少由两人进行，设专人监护，作业人员应熟悉设备操作方法和流程，认清设备接线标识，正确操作仪器设备。工作完毕后，恢复原来的接线方式，并检查核验，确保接线正确，接线时螺丝应紧固并充分接触。

在试验过程中，应保证所有的校验接线应牢固可靠，否则可能造成接线处接触不良、产生电弧，影响二次回路运行安全，影响计量精度。

6. 对可能发生误碰危险的安装位置，应对拆下的通信线进行包裹，作业人员不得直接触碰通信线导体部分。

【解读】在可能发生误碰危险的位置工作时，对拆下的通信线必须进行包裹，作业人员必须严格执行戴手套、穿绝缘鞋等防护措施，防止误碰通信线导体部分发生危险。

7. 金属外壳的电能表、采集终端应装在非金属板上，外壳必须接地。

【解读】为防止试验装置故障导致外壳带电危及试验人员的人身安全，试验室内试验装置的金属外壳必须接地。

第二节　互感器的装拆、现场校验及相关工作

1. 互感器现场校验，校验对象主要包括各电压等级电压互感器、电流互感器。如果校验过程中，需要检修配合，应按照要求填写工作票。

【解读】互感器现场校验是对各电压等级电压互感器、电流互感器的准确

性进行现场检验。

2. 互感器的装拆、现场校验及相关工作应参照本手册第二章第五节相关要求执行。

3. 互感器二次回路工作，应参照本手册第二章第四节相关要求执行。

【解读】短路电流互感器二次绕组，应使用短路片或短路线，确保连接可靠。使用导线缠绕，容易造成接触不良或虚接，造成二次回路开路，对人身和设备安全造成严重威胁，因此，禁止用导线缠绕。

电压互感器二次回路工作中，接临时负载时，因不可控因素较多，工作中遇紧急状况需及时切断电源，同时避免越级熔断造成运行设备失压或误动，故要求装设专用隔离开关（刀闸）和熔断器。

4. 互感器的安装、更换、拆除、现场校验应停电进行，一次侧应在工作点电源侧与负荷侧都具有明显断开点，并有牢固可靠的接地点，二次回路断开。试验时操作人员应站在绝缘垫上并进行呼唱，有防止反送电、防止人员触电的措施。

【解读】互感器的安装、更换、拆除、现场校验工作作业风险等级高，因此一般应停电进行。设备上的明显断开点是指符合相应电压等级电气安全距离、隔离可靠、可见的电气断开点，能够有效地隔离有电部分。一次侧的明显断开点可有效防止反送电、人员触电等情况。二次回路断开的目的是防止由二次侧向一次侧反送电，使高压侧其他设备、线路带电造成触电事件。

试验时操作人应站在绝缘垫上，与地电位隔离，避免仪器或设备故障对人身造成伤害，试验过程中要呼唱，以保证试验人员之间的相互配合和提醒。

防止反送电措施主要有：①所有相线和零线接地并短路；②绝缘遮蔽；③在断开点加锁，悬挂“禁止合闸，有人工作!”或“禁止合闸，线路有人工作!”的标识牌。

防止人员触电措施主要有：①停电；②将带电部位可靠隔离；③试验过程中，带电设备有专人看守，防止其他人员误入带电区域。

5. 电流互感器和电压互感器的二次绕组应有一点且仅有一点永久性的、可靠的保护接地。低压电流互感器的二次回路非极性端应有效接地。工作中，禁止将回路的永久接地点断开。

【解读】二次侧有两点或多点接地时，由于故障情况下接地网并不是完全的等电位，特别是在系统发生接地故障或雷击等其他大电流注入地网事件发生时，将会有电流流经不同的接地点，影响电流互感器或电压互感器的测量精度，甚至造成保护不正确动作。二次回路接地可防止一次高压通过互感器绕组间的电容耦合或绝缘击穿，导致二次侧电压升高，对二次设备和在其上工作人员的安全构成威胁。为保护人身和设备安全，工作中禁止将接地点断开。

6. 互感器二次回路通电或耐压试验前，应通知运维人员和其他有关人员，并派专人到现场看守，检查二次回路及一次设备上确无人工作后，方可加压。

【解读】在互感器二次回路上进行通电或耐压试验，可能会通过互感器在一次设备上产生高电压，此时如果一次设备上有人，则会造成人身伤害。因此，应通知运维人员和有关人员停止被试验设备上的其他工作，在试验现场应装设遮拦或围栏，悬挂“止步，高压危险!”标识牌，并派人到现场看守，检查二次回路及一次设备安全距离内无人，方可加压。

7. 在带电的电流互感器二次回路上工作。应采取措施防止电流互感器二次侧开路。短路电流互感器二次绕组，应使用短路片或短路线，禁止用导线缠绕。

【解读】短路电流互感器二次绕组，应使用短路片或短路线，确保连接可靠。使用导线缠绕，容易造成接触不良或虚接，造成二次回路开路，对人身和设备安全造成严重威胁，因此，禁止用导线缠绕。

8. 在带电的电压互感器二次回路上工作，应采取措施防止电压互感器二次侧短路或接地。接临时负载，应装设专用的隔离开关（刀闸）和熔断器。

【解读】接临时负载时，因不可控因素较多，工作中遇紧急状况需及时切断电源，同时避免越级熔断造成运行设备失压或误动，故要求装设专用隔离开关（刀闸）和熔断器。

9. 在邻近带电线路进行吊装作业时，应由专人指挥，分工明确，并注意吊臂回转半径引起的安全风险。

【解读】在邻近带电线路进行吊装作业时，应由专人统一指挥，指挥信号应简明、统一、畅通，避免多人指挥使作业无法进行，造成人身伤害、设备损坏等。

10. 高压互感器底座、外壳宜采用截面不小于 $16mm^2$ 多股铜芯黄绿双色导线接地，二次回路接地宜采用 $4mm^2$ 多股铜芯黄绿双色线，低压电流互感器在金属板接地电阻不大于 4Ω 的条件下，允许互感器底座不再另行接地。

【解读】铜线导电性能好，软铜线由多股细铜丝绞织而成，既柔软又不易折断，使接地线操作、携带较为方便，因此接地线采用多股软铜线。有效的接地保护是防止检修作业人员触电的关键措施，突然来电时，接电线将流过短路电流，因此除应满足装设地点短路电流的要求外，还应满足机械强度的要求。当接地线悬挂处的短路电流超过它的熔化电流时，突然来电的短路电流将熔断接地线，使检修设备失去接地保护。

11. 电压互感器及高压电流互感器二次回路均应只有一处可靠接地。高压电流互感器应将互感器二次 S2 端与外壳直接接地，星形接线电压互感器应在中心点处接地，V-V 接线电压互感器在 V 相接地。

【解读】接地可防止检修线路、设备突然来电，消除邻近高压带电线路、设备的感应电，还可以放尽停电检修线路、设备的剩余电荷。在需接地处验电，确认无电后应立即接地，如果间隔时间过长，就可能发生意外的情况（如停电设备突然来电）而造成事故。如验电后去其他地点或做其他事情，应重新验电后再接地。

停电后，电缆及电容器仍有较多的剩余电荷，应逐相充分放电后再短路接地，停电的星形接线电容器即使已充分放电及短路接地，但由于其三相电容不可能完全相同，中性点仍存在一定的电位，因此星形接地电容器的中性点应另外接地。

12. 多绕组的电流互感器应将剩余绕组可靠短路并接地，多抽头的电流互感器不得将剩余的端钮短路或接地。

13. 互感器的接地线应与计量柜接地母线相连，当接地线较多时，可将不超过 6 根的接地线一同压入一个接线端子且应与接地铜排可靠连接。电流互感器二次回路中性点应分别一点接地且不得与其他回路接地线同压在同一接线端子内。

第三节　计量箱装拆及相关工作

1. 金属计量箱、配电箱应可靠接地且接地电阻应满足要求。作业人员在接触运行中的金属计量箱前，应检查接地装置是否良好，并用验电笔确认其确无电压后，方可接触；金属计量柜（箱）外壳、接地母线、PE 接地点应采用编织铜线或多股铜芯黄绿双色导线可靠接地，双色导线截面不小 16mm²。

【解读】 操作人员接触金属计量箱、配电箱前应检查接地装置是否良好，并使用合格的验电笔验明金属箱体无漏电，确保人员接触不产生触电危险，保证后续作业安全，避免人身伤害。《国家电网公司计量箱安装规范》中要求：对于金属壳体，实现主接地螺钉与所有接地部件之间的连通，形成完整的保护电路。

2. 当发现计量箱、配电箱箱体带电时，应立即停止工作，由设备管理人员或设备运维人员，断开上下级电源将其停电，查明带电原因，并作相应处理，具备工作条件以后方可继续工作。

【解读】 在工作中发现计量箱、配电箱箱体带电时，应立即断开上一级电源，防止箱体漏电造成计量装置损坏影响计量。查明漏电原因之后进行处理，防止作业人员或他人触电。

3. 高低压同杆架设，在低压带电线路上计量箱装拆时，应先检查与高压线的距离，采取防止误碰带电高压设备的措施。在低压带电导线未采取绝缘措施时，作业人员不准穿越。在不停电的计量箱工作，应采取防止相间短路和单相接地的绝缘隔离措施，拆除导线的裸露部分后，应立即进行绝缘包裹，不得触碰导线裸露部分。

【解读】 在高低压同杆（塔）架设的线路中进行高压检修工作，在下层低压带电导线未采取可靠、有效的绝缘隔离措施或未停电、接地时，因低压线路相间、相对地距离较小，作业人员在穿越低压线路时无法保证与低压带电线路之间的距离，给穿越人员带来较大触电风险，因此严禁穿越。

因计量箱内空间狭小，在不停电作业中容易误碰发生相间短路和单相接地事故，故需强化绝缘遮蔽措施。

4. 对计量箱门进行检查或操作时，作业人员应站位至箱门侧面，防范计量箱内设备异常。箱门开启后应采取有效措施对箱门进行固定。

【解读】 计量箱内相间距离较小，电气距离也较小，因此易发生相间短路、单相接地。计量箱开箱前，部分安全问题不易发现，站位至箱门侧面，可以防

止箱内异常对人员造成伤害。箱门的不固定，会造成计量设备损坏，发生震动可能增加相间短路，或对工作人员产生伤害。

5. 公共区域内安装计量箱时，应可靠固定，并应注意与水、热、天然气等管线留有足够的安全距离。

【解读】公共区域内安装计量箱要保证人员及设备的安全和供电企业形象，未固定会引起安全隐患、人为破坏、进而产生箱内计量装置损坏，计量失准等问题。

《国家电网公司计量现场施工质量工艺规范》计量箱体的固定应满足以下要求：安装后箱体与采暖管、煤气管道距离不小于300mm；与给排水管道距离不小于200mm；与门窗框边或洞口边缘距离不小于400mm。

6. 计量箱（柜）带有器具的金属盘面和装有器具的门及电器的金属外壳均应有明显可靠的PE保护地线（PE线为黄绿相间的双色线也可采用编织软探铜线），但PE保护地线不允许利用箱体或盒体串接。明敷的裸导线不小于$4mm^2$、绝缘导线不$1.5mm^2$。

第四节　试验室内计量工作

1. 试验室内计量工作时，工作前应检查设备是否可靠接地，绝缘良好，漏电保护装置正常。测量前应选择合适的量程并正确使用测量设备，测量结束后应确认设备是否已切断电流、电压，确定装置不处于工作状态后，按照先取二次线再取一次线的顺序，解除试验接线。电容式互感器应先充分放电后，按取线顺序解除试验连接线。

【解读】试验室内试验装置的金属外壳应接地，以防止试验装置故障导致外壳带电危及试验人员的人身安全。绝缘检查、剩余电流动作保护器开关（漏电开关）都是保护试验人员的安全措施。选择合适量程，避免因选择错误量程造成对设备损坏，进而造成对实验人员的人身伤害。在不工作状态且切断电源才满足设备检查的安全需要。

2. 试验过程中更改接线以及试验结束后，应首先断开电源，再进行充分放电、接地后，方可检查接线或再拆除检测接线，防止人身触电。

【解读】如不断开电源仍存在触电风险；试验设备内存在电容性质元器件，断电后设备也会储存电荷，如不充分放电、接地容易对人员和设备安全造成威胁。进行放电接地后，可检查接线或再拆除检测接线。

3. 计量自动化检定设备，应满足以下要求：

（1）自动化检定系统的可接触到的外部金属部分，均应可靠接地。

【解读】试验装置的金属外壳接地的目的是防止试验装置故障导致外壳带电危及试验人员的人身安全。

（2）在机器人、机械臂或机械抓手等伸展移动部位等危险区设置安全警示标识，并在可能触及人员位置设置安全遮栏。

【解读】设置安全警示标识对临近危险区人员起到警示作用，安全遮拦可以防止人员进入危险区域。

（3）工频耐压试验单元应设置安全防护罩和门控开关、工作指示灯。自动化检定系统在控制室、关键功能单元等位置，应设置急停开关，能够在紧急状态下通过断电方法立即停止设备运行。

【解读】安全保护罩、门控开关可有效隔离工频耐压试验产生的高电压，工作指示灯可指示工作带电情况。急停开关可保障在紧急情况下对设备断电，提高安全可靠性。

（4）自动化检定系统使用的非金属材料应具有阻燃性，使用的机械装置、电气装置等应符合国家相关标准要求。

【解读】非金属材料设备除满足机械强度、绝缘等要求外，还应考虑消防功能，防止火灾发生。

4. 工作人员进入自动化检定区域应穿工作服，并将长发盘起，防止长发卷入转动设备内。更换插针、表座等部位时应首先断开电源，确保检定台体无电后进行操作，防止触电。

【解读】全棉长袖工作服可防止工作中可能发生的电弧灼伤；为防止长发卷入转动的设备内造成机械伤害，留长发者，应将长发盘起并固定，避免卷入。

在断电后，更换插针、表座等部位仍属于触及设备裸露导体工作，任何未经验电的设备均视为带电设备，仍需确保无电后进行操作。

5. 调整互感器二次压接线柱时，确保试验电流回零，并用万用表测试确认线柱无电流后，方可进行操作。

【解读】 运行中的电流互感器严禁二次开路，调整二次压接线柱时，需断开二次回路，为防止开路后二次侧产生高电压造成人身伤害，需通过两种非同样或非同源的方式验证设备电流状态，即试验仪器显示试验电流回零、用万用表测试无电流。

6. 进入立体库房巷道应佩戴安全帽，并切断堆垛机电源，待堆垛机静止10秒后进入。检修完毕后应确认巷道内无其他人员或遗留杂物，方可启动堆垛机。

【解读】 佩戴安全帽以避免立体库房内坠物冲击、侧向撞击、挤压等对工作人员头部造成伤害的风险。待堆垛机静止10s后进入，可防止堆垛物品倒塌对人员造成伤害。启用堆垛机前如有人或遗留杂物可能对人员和设备造成伤害。

第五节　智能设备安装及运维

1. 安装调试智能设备时，2米及以上的安装调试工作应按照本手册第七章相关要求执行。

【解读】 在安装离地面高度在2m及以上的设备时，应做好相关防触电及防坠措施，保障人身安全。

2. 定期巡检时，严禁随意动用设备闭锁万能钥匙。

【解读】 动用设备闭锁万能钥匙，必须经主管经理批准，并记录在案。

3. 定期巡检发现设备缺陷及异常时，应及时汇报并采取必要应急措施，不得擅自处置。

【解读】 运行人员发现紧急缺陷时，在按照现场运行规程进行必要的应急措施后，应首先汇报调度，交当值调度值班员处理。

4. 汛期、雨雪、大风等恶劣天气或事故巡视应配备必要的防护用具、自救器具和药品；夜间巡视应保持足够的照明。

【解读】正常巡视应穿绝缘鞋；雨雪、大风天气或事故巡线，巡视人员穿绝缘鞋或绝缘靴；汛期、暑天、雪天等恶劣天气和山区巡线应配备必要的防护用具、自救器具和药品；夜间巡视应保持足够的照明用具。

5. 智能采集设备安装调试在电气设备二次系统上的工作按照本手册第二章第四节相关要求执行。

6. 智能采集设备安装宜停电进行，若不停电进行，应戴护目镜，并保持对地绝缘。在高压配电设备上工作时，应有防止误动的安全措施。

【解读】在安装智能采集设备的时候，应该停电进行安装，在不停电安装的情况下，在保持对地绝缘（戴绝缘手套、戴施工头盔、垫绝缘垫）的情况下，还要戴护目镜保障人身安全。在高压配电设备上进行现场作业时，应有防止意外碰触的安全措施。

7. 所有未接地或未采取可靠隔离措施的设备都应视为带电设备，禁止直接触碰导体的裸露部分。

【解读】未采取可靠隔离措施是指未采取绝缘遮蔽、断开点加锁挂牌等，低压线路和设备未经验明确无电压，禁止触碰导体的裸露部分。

8. 智能采集设备安装调试工作中需带电拆接导线时，应先断开负荷，拆接导线后应确认导线的接触是否良好、牢固。

【解读】智能采集设备安装调试工作中需带电拆接导线时，应先断开零线，后断开相线，搭接导线时，顺序应相反，规避事故发生。

9. 设备检修与故障抢修过程中，相关容性、感性设备检修、试验前后应充分放电。

【解读】测定容性或感性材料、设备后，必须放电。雷雨时禁止测定线路绝缘。

10. 设备检修工作中使用的检修电源应装设过载自动跳闸装置及漏电保护装置，使用自备发电机做检修电源的，应保证发电机接地点可靠接地。

【解读】剩余电流动作保护器（漏电保护器）是一种电气安全装置，安装

在低压电路中，当发生漏电和触电且达到保护器所限定的动作电流值时，会立即在限定的时间内动作自动断开电源进行保护。根据触电的原因不同，对触电所采取的防触电措施也分为：直接接触保护、间接接触保护。直接接触保护一般可采用绝缘、防护罩、围栏、安全距离等措施；间接接触保护一般可采用保护接地、保护切断、剩余电流动作保护器（漏电保护器）等措施。

11. 设备检修与故障抢修过程中，开关拉出后应将柜门锁闭，禁止擅自开启。

【解读】开关分闸，手车拉出开关柜体，开关柜静触头隔离挡板可靠锁闭，隔离挡板前设专用支架悬挂“止步，高压危险”标识牌，开关柜后柜门上锁。

第四章　业扩报装相关工作安全

第一节　一 般 安 全 要 求

1. 业扩报装工作中，营销服务人员在公司产权设备范围内进行现场作业时，应按照本手册第一章第三节相关要求，填用相应工作票。

【解读】为避免安全隐患，现场作业人员应做好安全技术措施，确认工作范围内的设备已停电，安全措施符合现场工作需要，明确设备带电与不带电部位、施工电源供电区域，避免人员触电，需按照营销现场作业类型与风险等级对应关系填写相应工作票（卡）。

2. 业扩报装工作中，营销服务人员在非公司产权设备范围内进行现场作业时，应填用现场作业工作卡（见附录G）。

【解读】高压新装现场勘察以及高压业扩中间检查，风险等级为五级；高压业扩报装竣工验收以及高压业扩装表接电（送电），风险等级为五级或四级；高压增容现场勘察，风险等级为四级。以上按要求均宜采用现场作业工作卡。

3. 作业人员开展工作时必须由客户方或施工方熟悉环境和电气设备的人员配合进行。要求客户方或施工方进行现场安全交底，做好相关安全技术措施；确认工作范围内的安全措施符合现场工作需要。

【解读】为避免安全隐患，作业人员应要求客户方或施工方进行现场安全交底，做好相关安全技术措施，确认工作范围内的设备已停电，安全措施符合现场工作需要，明确设备带电与不带电部位、施工电源供电区域，以避免人员触电。

4. 现场作业人员应在客户电气工作人员的带领下进入工作现场，并在规定的工作范围内工作。作业人员应了解现场危险点、安全措施等情况，在确保现场安全措施落实到位，作业人员人身安全得到有效保障后，方能进行现场作业。涉及多专业、多班组参与的项目，应由业扩负责人组织客户方或施工方对工作现场进行统一安全交底，明确职责，各专业负责落实相关安全措施和责任。业扩负责人应做好现场协调工作。

【解读】客户受电工程涉及现场勘查、中间检查、计量装置安装、竣工验收及送电等环节，需要多专业、多班组工作协调配合，为避免因组织措施、技术措施缺失或不完整，造成安全事故，应由业扩负责人组织相关专业、班组参与，同时组织客户方或施工方对工作现场进行统一安全交底。并且在作业开始前，业扩负责人应对工作现场进行统一安全交底，再次明确各成员的安全职责，确保全体成员知晓安全措施、危险点和注意事项。

5. 无论高压设备是否带电，工作人员均不得单独移开或跨越遮拦进行工作；若有必要移开遮拦时，应有监护人在场，并符合规定的安全距离。

【解读】现场设置遮拦或围栏，应将作业区域周围设置成禁止无关人员接近的封闭区域，并按相应电压等级的安全距离、高处作业落物的半径等条件确定设置范围。工作中未经许可禁止移动或改变其距离，禁止拆除遮拦（围栏），因为一旦移动或安全距离减小，甚至失去遮拦（围栏）阻隔，将起不到对作业区域的保护作用。因相关事项需短时移动或拆除遮拦（围栏）、标识牌时，应有人监护。遮拦（围栏）暂时移动或拆除后，应中止作业，相关事项完成后，要立即恢复遮拦（围栏）。只有当遮拦（围栏）恢复正常后方可继续作业。

6. 在业扩报装现场工作中，如发现有违反安规的情况，应立即制止，纠正后才能恢复作业。各类作业人员有权拒绝违章指挥和强令冒险作业；如遇直接危及人身、电网和设备安全的紧急情况，有权停止作业或者在采取紧急的措施撤离作业场所，并立即报告。

【解读】根据《中华人民共和国安全生产法》（2021版）第三章“从业人员的安全生产权利义务”第五十三条规定，生产经营单位的从业人员有权了解其作业场所和工作岗位存在的危险因素、防范措施及事故紧急处理措施，有权对本单位的安全生产工作提出建议。国家法律赋予了各类作业人员在生产过程中具有保障生产安全的基本权利。

第二节 业扩现场勘查

1. 现场勘查人员应组织电力用户提前告知勘查现场的施工状况、现场电气设备接线情况、详细的危险点和安全事项等。

【解读】国家相关法律规定作业人员应享有被告知作业现场和工作岗位中危险因素、防范措施以及事故紧急处理措施的权利。设备运维管理单位熟悉其所管辖范围内的现场设备状况、接线情况等，有义务告知营销现场作业人员现场危险点和安全注意事项。作业人员只有了解了工作中的危险因素和防范措施，才能主动避免人身伤害。

2. 现场勘查人员应掌握带电设备的位置且需注意和用电设备的安全距离，根据现场的电压等级确保自身在安全距离中，注意不要误碰、误动、误登运行设备。

【解读】现场勘查人员应由工作票签发人或工作负责人担任，参加的人员应熟悉工作内容、工作标准和设备情况。高压业扩报装现场勘查人员不得少于两人，并相互监护。电气设备周围设置遮栏的场所是人员有可能碰到带电设备的场所，不得单独移开或越过遮栏，以免发生触电事故。

3. 规范勘查人员着装，进入勘查现场必须佩戴安全帽并穿着工作服尤其避免高跟鞋、凉鞋、短裤、背心等，女性长发需盘起。

【解读】现场勘查人员在进行现场勘察时，需要佩戴符合安全规定的安全帽，穿着工作服且女性长发需要盘起来，禁止穿高跟鞋、凉鞋、短裤、背心等不符合安全规定的服装，必须要保证人身安全。

4. 在勘查现场工作中，任何有违反安全规则的状况应及时制止和纠正；在发现有危害人身安全和设备安全的紧急情况时，应当及时停止勘查。

【解读】在现场勘查过程中，如果发现有任何不符合安全规则的情况必须制止和纠正，如果发现有危害人身安全和设备安全，如设备漏电、设备冒烟、

设备固定不牢靠时，应该及时地停滞勘查。

5. 现场勘查人员需在电力用户电力值班员带领下进入勘查现场，严格履行监护制度，严禁移开或越过遮栏。

【解读】禁止作业人员擅自移动或拆除遮拦（围栏）、标识牌。因工作原因需短时移动或拆除遮拦（围栏）、标识牌时，必须有人监护。完毕后应立即恢复。

6. 客户设备状态不明时，均应视为带电设备。严禁私自操作电力用户的设备。

【解读】在进行现场勘查时，禁止在未征得客户书面同意的情况下，操作客户设备；如果客户的设备状态不明晰，都要视为是带电的设备，操作过程必须按照设备带电的情形进行操作，如戴绝缘手套、穿工作服、戴安全帽等，在保证人身安全及设备安全的情况下，方可进行操作。

7. 勘查过程中，勘查人员需要注意力高度集中，并提防各种沟、洞等，预防勘查人员掉人受伤。

【解读】在进行现场勘查过程中，必须要自己观察现场的作业环境，是否有各种坑、沟、洞的情况，在保证勘查人员人身安全的基础上，进行现场勘查。

第三节　中　间　检　查

1. 中间检查过程中，组织电力用户提前告知检查现场的施工状况、探现场电气设备接线情况、详细的危险点和安全事项等。

【解读】在进行中间检查时，必须组织电力用户提前沟通并告知检查现场的各种施工情况，包括设备的接线情况，是否通电，设备安装高度、位置，并详细告知危险点和安全注意事项，在保证人身安全及设备安全的情况下，进行中间检查。

2. 中间检查过程中，应注意现场警示标识，注意基建工地高空落物、碰伤、扎伤、摔伤等意外。

【解读】中间检查至少两人进行。进入现场施工区域，必须正确着装、戴安全帽，携带必要的照明器材。需登高作业时，要落实防坠落措施，并在有效的监护下进行。注意观察现场孔（洞）及锐物，人员相互提醒，防止踏空、扎伤。不得在高空落物区通行或逗留。注意现场警示标识，不得随意触碰现场设备，同时避免磕碰、踏空。

3. 中间检查过程中，掌握带电设备的位置，与带电设备保持足够安全距离，注意不要误碰、误动、误登运行设备。

【解读】进入作业现场前，要求客户方或施工方进行现场安全交底，落实相关安全技术措施，确认工作范围内的设备不带电、安全措施符合现场工作需要。指明施工电源供电区域，与带电设备保持足够安全距离，注意不要误碰、误动、误登运行设备。

4. 不得进行与中间检查无关的工作。

【解读】在进行中间检查时，禁止开展与中间检查无关的工作。

第四节　计量装置安装

1. 计量装置安装按照本手册第三章相关要求执行。

2. 新报装电力负荷客户终端及控制回路接入应加入业扩安装管理流程并在客户供电方案设计中明确终端安装位置及控制回路接入轮次、标明接入开关编号和名称等，坚决避免保安负荷接入。

第五节　竣工验收及送电

1. 未经检验或检验不合格的客户受电工程，严禁接（送）电。严格履行客

户设备送电程序，严禁新设备擅自投运或带电。发现违规擅自送电的客户受电工程，必须立即采取停电措施。

【解读】客户受电工程未经检验或检验不合格，严禁接（送）电。已经接电的必须立即采取停电措施，严肃处理有关责任人和责任单位，问题整改后，重新办理业扩报装竣工报验手续。

2. 送电前应采取措施防止形成交叉供电。

【解读】在业扩送电前，应对送电设备逐一检查，核实供电线路信息，确保送电电源信息准确，将临时电源或已送电线路隔离，防止即将送电线路与已带电线路或客户自备电源形成交叉供电，造成相间短路等故障。

3. 送电工作的组织。

（1）涉及多专业、多班组参与的项目，由现场负责人牵头，各相关专业技术人员参加，确定现场总指挥，成立工作小组，拟定接（送）电方案，接（送）电方案应事先告知参加人员。

（2）35kV及以上业扩工程，应成立启动委员会，制订启动方案并按规定执行。35kV以下双电源、配有自备应急电源和客户设备部分运行的项目，应制订切实可行的投运启动方案。所有高压受电工程接电前，必须明确投运现场负责人，由现场负责人组织各相关专业技术人员参加，成立投运工作小组。由现场负责人组织开展安全交底和安全检查，明确职责，各专业分别落实相关安全措施并向负责人确认设备具备投运条件。不得进行与竣工验收及送电无关的工作。

【解读】应通过业扩例会等方式协调多部门、多单位，务必做到统一组织，避免出现因配合不到位、缺乏计划执行而引发安全事故。用户专线、35kV及以上业扩工程相关送电程序参照输变电线路送电程序。

第五章　用电检查相关工作安全

第一节　一般安全要求

1. 用电检查工作应填用现场作业工作卡（见附录G）。在按照有关法律法规开展客户侧用电检查（反窃查违）现场作业时，可不执行“双许可”制度，由供电方许可人许可后，方可开展用电检查（反窃查违）相关工作。

【解读】检察人员需掌握必要的用电检查知识和业务技能，同时也要掌握与专业相关的检查流程及规定，根据用电检查现场要求填写现场作业工作卡，以确保用电检查工作安全。由于用电检查时可能需要对窃电、违约用电等行为进行检查、取证，因此可不执行“双许可”制度。

2. 到达检查现场后，应首先向客户表明身份、出示证件并说明来意，检查前应向客户了解现场安全情况，宜有客户电气负责人全程陪同，如具备条件，还应佩戴执法记录仪，对检查全过程视频记录并存档。

【解读】依据《电力法》第三十三条，为更好督促用户配合，供电企业查电人员和抄表收费人员进入用户，进行用电安全检查或者抄表收费时，应当出示有关证件，说明来意。

检查前向客户了解现场安全情况，宜有客户电气负责人全程陪同，不仅可以更好地了解客户现场安全情况，也可以共同确认客户设备存在的缺陷及安全风险，便于客户确认《用电检查结果通知书》，书面提出整改意见和措施。

3. 检查人员开展现场检查前，应核准现场设备运行情况，并明确安全检查通道。用电检查过程中应与带电线路和设备保持表1-1规定的安全距离。

【解读】为防止因现场设备状态变化导致不安全因素的发生，检查人员在开展现场检查前，应熟悉现场设备接线方式、运行状态、各设备位置、电压等级，并提前安排和确定检查路线。用电检查过程中应与带电线路和设备保持表 1-1 规定的安全距离。监护人应时刻提醒工作人员注意与带电部位保持安全距离且工作人员使用的工具和材料不应过长，使用的绳索、安全带都应是绝缘的。满足上述条件方可按此安全距离作业，否则必须停电。

4. 为确保人身与设备安全，现场进行检查测试时，应实行工作监护制度，人数不应少于两人，穿工作服、绝缘鞋（靴）、戴安全帽，并携带必要的安全工具。检查高压带电设备时，不得强行打开闭锁装置。

【解读】工作监护制度是保证人身安全及操作正确的重要安全措施。高压柜在停电、验电、合上接地刀闸后，方可打开柜门，强行打开“五防”闭锁装置，极易触碰高压带电部位，造成放电。

5. 客户侧现场作业必须严格执行安全组织和技术措施，严格工作计划刚性管理，严禁不具备资质人员从事相关工作，禁止擅自操作客户设备。

【解读】客户侧现场作业人员应严格遵守和执行安全组织和技术措施。其中，保证安全的组织措施包括现场勘查制度，工作票制度，工作许可制度，工作监护制度，工作间断、转移制度，工作终结制度等六项制度。保证安全的技术措施是防止现场作业人员触电的基本要求和必要措施，包括：停电、验电、接地、悬挂和装设遮拦（围栏）。

客户侧现场作业应严格落实“无计划不作业”工作规定，严格按照已批准的工作计划执行，将作业计划纳入安全生产管控平台管控。进入现场特种作业人员（如高压试验等）应经相关专业技术培训及相关特种作业许可机关考试合格取得相应作业资格后，持有效证书方能进入现场从事相关工作。在不熟悉客户设备现场运行方式、设备操作规程规定的情况下，严禁擅自操作客户设备，如有需要，应经客户许可，由客户人员进行操作。

6. 客户电气设备停、送电前，应由客户停送电联系人与供电方相关人员共同确认，禁止约时停送电。

【解读】在客户电气设备停电前，应由客户停送电联系人（应经供电公司书面公布）会同供电方工作负责人，共同确认客户设备运行状态，确保现场安全措施满足现场作业要求，对多电源客户应检查机械或电气连锁是否能够可靠连锁，防止向停电区域送电。

客户电气设备送电前，应由客户停送电联系人（应经供电公司书面公布）会同供电方工作负责人，共同确认所有工作已结束、所有工作人员已撤离、现场接地线已经全部拆除，并与工作记录核对一致，方可下令恢复供电。

7. 所有工作人员禁止单独进入、滞留在客户高压室和室外高压设备区内。

【解读】由于现场工作人员对客户高压设备运行不熟悉且客户高压室和室外高压设备区运行状态不确定，即使客户高压设备在停电状态，也可能会由于倒送电、运行方式改变或发生异常等各种原因，而随时发生带电的危险；或在客户设备安装高度低、安全距离小的场所，即使装设遮拦，但当失去监护时，也极易发生触电事故。因此，所有工作人员任何时候都禁止单独进入、滞留在客户高压室和室外高压设备区内，如需进入，应有客户方人员陪同。

8. 客户侧现场作业时，应由熟悉设备情况的客户人员全程陪同。

【解读】由于客户现场作业人员对客户作业现场高、低压设备运行状态、现场停电区域、所做安全措施、电缆走向等情况不熟悉、不掌握，贸然进入现场开展工作，可能会误入带电区域、带电间隔，或作业现场离带电设备距离较近，人员有可能碰到带电设备，极易发生触电事故。因此，客户现场作业时，应由熟悉设备状况的客户人员全程陪同，否则严禁现场作业。

9. 经现场检查确认，用户的设备状况、电工作业行为、运行管理等方面有不符合安全规定的，或者在电力使用上有明显违反国家有关规定的，用电检查人员应开具《用电检查结果告知书》，一式两份，经用户签字后，一份由用户留存，一份带回存档备查。

【解读】经过现场用电检查确认，如果用户的相关设备、电工的作业规范等如果不符合电网的相关安全规定，应该开具《用电检查结果告知书》，一式两份，在告知客户并经客户签字之后，分别由客户和检查单位进行存档。

10. 现场检查确认有违约用电、窃电行为的，用电检查人员应在现场予以制止，并开具《违约用电、窃电通知书》，一式两份，经用户签字后，一份由用户留存，另一份带回存档备查，并按相关规定进行处理。

【解读】经过现场用电检查确认，如果用户缺失有违约用电及窃电行为不符合电网的相关安全规定的，应该开具《违约用电、窃电通知书》，一式两份，在告知客户并经客户签字之后，分别由客户和检查单位进行存档，并通知相关单位按照规定对用户进行处理。

11. 电力用户拒绝签收的，检查单位应通过函件、挂号信等具有法律效力的形式送达用户。

【解读】在开具《违约用电、窃电通知书》《用电检查结果告知书》并告知客户所需承担风险及责任之后，客户仍拒绝签字的，检查单位需要通过函件、挂号信等具有法律效力的形式送达用户。

12. 现场检查人员应熟悉安全方面的有关规定，身体健康且无妨碍性疾病，工作前严禁饮酒，禁止疲劳作业。客户侧工作负责人及电气负责人工作前也不得饮酒，如发现客户侧工作负责人及电气负责人有饮酒迹象，应立即报告，中断对客户侧带电设备的检查。

【解读】现场检查人员必须熟知电力安全方面的相关规定，并且身体健康无妨碍参加电力相关工作的疾病；在开展现场检查前禁止饮酒，禁止疲劳作业；客户侧的工作负责人及电气负责人开展检查工作前也禁止饮酒，如果发现客户侧的工作负责人及电气负责人有饮酒现象，必须立即报告相关负责人，立即停止对客户侧带电设备的检查工作。

13. 检查带电设备时，应检查周围是否有足够的安全间隔，并与带电设备保持足够的安全距离，需登高检查时，应采取防止高空跌落措施。

【解读】明确高处作业可采取的几种防高空坠落方式：搭设脚手架、使用高空作业车（绝缘斗臂车）、升降平台（检修平台）。此外，还可使用梯子、安全带、差速器、缓降器等其他防止坠落的措施。

14. 使用测量检查仪器仪表时，应取得客户工作负责人同意，对设备停电后方可进行；如需进行带电检查测量，应使用符合电压标准且合格的绝缘工具，并采取正确的操作步骤。非检查设备，严禁越权擅自检查。

【解读】为满足电网侧设备检修与需要，需用户侧设备配合停电，同时应履行调度和设备检修相关规定及相应手续。经客户许可人许可后，客户设备运维管理人员进行停电；工作全部结束且客户许可人许可后，方可送电。

15. 触及带电设备金属外壳、构架前，应先验电，防止漏电造成人身触电事故。

【解读】在用电检查过程中，如果有作业场景需要触及带电设备的金属外壳及结构框架，必须先使用验电笔检验外壳及架构是否带电，如果漏电，应该立即停止用电检查工作，并上报相关负责人，防止因为外壳、架构等漏电而导致人身触电事故的发生。

16. 用电检查（反窃查违）的作业现场主要是一些临时性和小规模的作业任务，存在对作业现场不熟、用户设备不熟、线路走向不熟等情况，应由熟悉设备情况的客户人员全程陪同。

【解读】检查前需要向客户了解现场安全情况，宜有客户电气负责人全程陪同，一方面能更好地了解客户现场安全情况，可及时纠正用电检查人员的危险行为；另一方面可以共同确认客户设备存在的缺陷及安全风险，便于客户确认《用电检查结果通知书》，书面提出整改意见和措施。

17. 在发现客户有窃电嫌疑时，检查客户设备前要先进行验电，防止客户窃电私自改动接线而造成设备带电的可能。

【解读】在用电检查过程中，如发现用电客户有窃电的嫌疑时，对客户用电设备进行检查前，应先验证需检查设备的金属外壳及结构框架，必须先使用验电笔检验外壳及架构是否带电，防止客户窃电私自改动接线而造成设备带电的可能，进而引发人身触电事故的发生。

18. 在用电检查（反窃查违）时，需检查电流互感器回路时，应先详细检查、判断其二次侧绕组有误开路，工作中也应严防电流互感器二次侧绕组开路，不能用晃动电流互感器，以免接线松动，造成二次绕组开路。

【解读】在用电检查（反窃查违）过程中，检查电流互感器回路的时候，必须详细检查、判断其二次侧绕组有没有开路，在检查过程中要严格防止电流互感器二次侧绕组的开路，禁止晃动电流互感器，避免接线松动，造成二次绕组开路，保证检查人员的人身安全及设备安全。

19. 用电检查过程中，如发现客户存在窃电行为，取证后立即终止用户窃电行为，如遇用户阻挠，人身受到威胁，应立即报警。

【解读】在用电检查过程中，如发现客户存在窃电的行为，要在取证完成

后立即终止用户的窃电行为，如果在终止过程中，遇到用户阻挠，甚至威胁到人身安全的情况下，立即报警。

第二节 客户侧现场作业组织措施

1. 客户侧现场勘查

客户侧现场勘查应由工作票签发人或工作负责人组织，应由客户项目（施工）负责人或电气值班人员带领，工作负责人、设备运维管理单位（客户单位）和检修（施工）单位相关人员参加，并按照本手册第一章第三节相关要求执行。

【解读】客户侧现场勘查可由工作票签发人组织，也可由工作负责人组织。由客户项目（施工）负责人或电气值班人员带领，供电公司工作负责人、设备运维管理单位（客户单位）和检修（施工）单位相关人员参加，对涉及多专业、多部门、多单位的作业项目（如客户涉及变电专业、输电专业、配电检修专业、计量专业等），应由项目主管部门、单位组织各专业相关人员共同参与现场勘查。

2. 客户侧工作票制度

（1）客户侧工作应严格按照本手册第一章第三节相关要求正确填用工作票或现场作业工作卡。

【解读】工作票或现场作业工作卡是准许在客户侧线路和设备上开展安装、检修、抢修、试验等现场作业相关工作的书面命令，可明确各方安全职责，向现场作业班组成员进行安全交底，是履行工作许可、监护、间断、转移和终结手续及实施保证安全技术措施的书面依据和记录载体。

工作票包含变电第一种工作票、变电第二种工作票、配电第一种工作票、配电第二种工作票、低压工作票，可以根据作业类型和现场实际情况进行填用。在客户侧开展业扩报装、用电检查、充电设备检修（试验）、综合能源等相关工作时，应填用现场作业工作卡。

（2）在客户侧开展电能计量、业扩报装、用电检查、分布式电源、充（换）电设备检修（试验）、综合能源等相关工作，可根据客户有关规定，执行客户方准许在电气设备上工作的书面安全要求，供电方作业人员保留备份。

【解读】在部分电厂、大客户电气设备上开展电能计量、业扩报装、用电检查、分布式电源、充（换）设备检修（试验）、综合能源等相关工作时，可以按照客户方的有关工作规定和要求，填用客户方准许的书面工作票（卡），执行客户方的安全措施要求。供电方作业人员应保留书面工作票（卡）备份以留存工作证明。

（3）客户侧现场作业应执行“双许可”制度。客户侧用电检查（反窃查违）现场作业可不执行“双许可”制度，由供电方许可人许可后，即可开展客户侧用电检查（反窃查违）相关工作。客户方许可人应由熟悉现场接线方式及设备情况，具备相应资质的电气工作人员担任，也可以由客户委托承装（修、试）客户设备的施工方电气人员担任。

【解读】客户侧用电检查（反窃查违）现场作业可不执行“双许可”制度，但也应有相应保证安全的措施。由于客户方工作人员对厂、站内设备带电情况、工作地点的危险点及预控措施等掌握得较为全面。作业人员持工作票进入客户侧设备区域内工作，应得到客户方电气工作许可人或客户委托承装（修、试）客户设备施工方电气人员许可。高压客户许可人由客户具备资质的电气工作人员担任，也可由客户委托承装（修、试）客户设备的施工方具备资质的电气人员担任。

（4）供电方作业人员应检查客户工作票中所列安全措施是否正确完备，是否符合现场实际条件，必要时予以补充完善。应会同客户工作负责人检查现场所做的安全措施，对具体的设备指明实际的隔离措施，证明检修设备确无电压。

【解读】供电方工作负责人负责检查工作票所列现场安全措施是否正确、完备，是否符合现场实际条件等方面的情况，必要时还应加以补充完善。客户工作负责人更加熟悉厂、站内设备和工作地点的危险点，应根据现场的运行方式和工作任务检查并确认有关安全措施是否可靠，包括确认工作范围内无电压等。客户工作许可人需要确认工作票中所列安全措施的正确性、完备性，现场安全措施的完善性以及现场停电设备有无突然来电的危险等内容，经双方签字

确认后供电方才可以开始工作。

（5）对有触电危险，检修（施工）复杂，容易发生事故的工作，应增设专责监护人，并确定其监护的人员和工作范围。

【解读】对于有触电危险、检修（施工）复杂、容易发生事故的工作，如能对应《国家电网有限公司作业安全风险预警管控工作规范》定义的五级风险等级，工作票签发人和工作负责人应根据现场实际、施工范围、工作需要等具体情况，增设专责监护人，确定被监护对象。专责监护人应视工作现场条件而设定，原则是每名作业人员均处于被监护范围之内。

（6）客户侧现场作业需要变更工作班成员时，应经工作负责人同意，在对新的作业人员进行安全交底手续后，方可进行工作。非特殊情况不得变更工作负责人，如确需变更工作负责人，应经工作票签发人同意，并通知双方（供电方、客户方）许可人，告知全体工作班成员，并将变动情况记录在工作票上。工作负责人允许变更一次。原、现工作负责人应对工作任务和安全措施进行交接，必要时重新执行现场勘查。

【解读】在变更时，应由客户方工作许可人（或客户方工作负责人）共同对变更情况进行确认，并逐项交代安全风险点和安全措施。

（7）在未办理工作票终结手续以前，任何人不得将停电设备合闸送电。

【解读】未办理工作票终结手续以前，工作可能仍在进行，线路（设备）上有人工作，接地线未拆除，此时将停电设备合闸送电，极易引发人身、电网和设备安全事件。为防止作业人员受到伤害，工作负责人应在得到所有小组负责人工作结束的汇报后，才能向工作许可人汇报工作结束、办理工作终结手续。工作票终结时，应由客户方人员共同进行签字确认。

第三节　客户侧现场作业注意事项

1. 停电

（1）客户侧现场作业如需客户设备配合停电，应得到客户工作许可人的同意，经批准后由客户设备运维管理人员进行停电。

【解读】为满足电网侧设备检修与需要，在客户侧现场作业时可能需要客户设备配合停电，此时应履行调度和设备检修相关规定并执行相应手续。经客户许可人许可后，由客户设备运维管理人员进行停电。工作全部结束且客户许可人许可后，方可送电。

（2）客户停送电联系人由客户指定人员担任。

【解读】客户停送电联系人可由客户自己指定人员担任，但考虑到其重要作用，应满足资质要求，持有效证书。

（3）客户侧现场作业需电网侧设备配合停电时，应首先得到客户停送电联系人的书面申请，并需在获得批准后方可停电。

【解读】客户管辖的线路需要严格执行停、送电规定。首先客户停送电联系人提交停电的书面申请，经调控部门批准后方可停电，并且在完成接地（装设接地线或合接地刀闸）、悬挂标识牌后才能许可工作。

（4）电网侧设备停电措施实施后，由电网侧设备的运维管理单位或调度控制中心负责向客户停送电联系人许可。恢复送电应在接到客户停送电联系人的工作结束报告，并做好录音并记录后方可进行。

【解读】为满足客户侧设备检修需要，需电网侧设备配合停电的，应履行调度和设备检修相关规定并执行相应手续。在接到原申请人的工作结束报告并与停电申请核对，做好录音并记录后方可恢复送电。同时，客户停送电联系人的名单应事先报调控中心和有关部门备案。

2. 验电

（1）客户侧作业高压验电前，验电器应先在有电设备上试验，确定验电器良好。人体与被验电的线路、设备的带电部位应保持表 1-1 规定的安全距离，并应由专人监护。

【解读】为避免因验电器故障造成将有电判断为无电，导致人员触电伤害，需要确认验电器良好无误后才能进行验电。在验电时，人体与被验电线路、设备的安全距离不应小于表 1-1 的安全距离，特别注意在登杆时人体头部与被验电线路、设备的距离。

值得注意的是，未装设接地线的线路和设备都应视为有电设备，禁止作业

人员直接碰触。在架空配电线路和高压配电设备验电时，应设专人监护。

（2）客户侧低压验电前应先在低压有电部位上试验，以验证验电器或测电笔良好。

【解读】停电检修作业前，应使用相应电压等级的接触式验电器或测电笔在有电的设备上进行逐相验电，以确定验电器良好。

3. 接地

（1）客户侧停电现场作业，验明确无电压后，工作地段各端和工作地段内有可能送电的各分支线应可靠接地，装设的接地线应接触良好、连接可靠。

【解读】客户侧作业接地需要由客户方工作许可人进行，营销现场作业人员进行确认。

（2）在客户侧低压配电设备上的停电作业，无法装设接地线时，应采取绝缘遮蔽或其他可靠隔离措施。

【解读】在实际工作中会遇到各种各样复杂的现场情况，比如有些设备无法装设接地线、有些地点难以装设接地线等，这种情况下需要采取绝缘遮蔽或其他可靠隔离措施，这是为了让停电设备的各端有明显的断开点，防止由于断路器（开关）操作连杆损坏，触头熔融粘连或绝缘击穿等原因而不能有效隔离电源，导致停电设备带电。

4. 检查确认

（1）在客户设备上工作，许可工作前工作负责人应与客户一起检查确认客户设备的当前运行状态、安全措施符合作业的安全要求，并向其交代相关内容。作业前，应检查多电源和有自备电源的客户是否已采取机械或电气连锁等防反送电的强制性技术措施。

【解读】因停电设备产权管理单位属于客户，首先，为防止因不熟悉设备而无法确认设备状态导致存在安全隐患的风险，在作业前需要与客户共同确认设备已停电，各方面电源已完全断开，隔离开关（刀闸）已拉开，手车开关已拉至试验或检修位置；其次，要与客户查看现场安全措施是否完备，是否具备作业条件，存在安全隐患时通知客户及时整改处理。此外，由于部分客户为多电源供电或备有自备电源，在设备停电检修时应采取机械或电气连锁防止发生反送电的措施，工作人员作业前应检查以上措施是否执行到位，保证作业安全。

（2）任何人不得变更有关检修设备的运行接线方式。供电方、客户方当中的任何一方不得擅自变更安全措施，工作中如有特殊情况确实需要变更时，应先取得对方的同意并及时恢复。变更情况需要及时记录在值班日志及工作票内。

【解读】在营销现场作业期间，检修设备应始终保持同一状态，任何改变检修设备运行接线方式的操作均有可能导致设备带电状态变化，从而威胁作业人员人身安全。安全措施在作业前已经过供电方和客户方双方负责人现场检查并确认，任何一方擅自变更，将导致安全措施的完备性遭到破坏，留下安全隐患。

特殊情况下，其中一方需对安全措施进行变更时（应是短时变更且变更范围不得改变原安全措施的安全性、有效性），应征得另一方的同意。变更后工作负责人应及时向全体工作班成员说明变更情况，工作许可人将变更情况记录在运维值班日志中（若无人值班站无运维值班日志时，可记录在工作票上）。该项作业完成后，应及时将变更的安全措施恢复到原有状态，并告知另一方。

5．悬挂标识牌和装设遮栏（围栏）

在部分停电或作业地点临近带电设备时，工作负责人应在开工之前明确工作范围并组织设施围栏（遮栏）。客户高压设备无论是否带电，作业人员均不得单独移开或越过遮栏进行工作；若确有必要移开遮栏，应在客户运维人员及供电方专责监护人在场，并符合表 1-1 设备不停电时安全距离的要求。

【解读】在用电检查过程中，有部分停电或作业地点靠近带电设备时，必须在开工期明确作业范围，并安装围栏（遮栏），无论客户侧高压设备是否带电，作业人员都禁止单独移开或者越过围栏（遮栏）进行工作；如必须移开围栏（遮栏）进行工作，必须在客户运维人员及供电方专责监护人在场且符合设备不停电时安全距离要求的情况下，方可进行工作。

6．客户设备巡视

（1）特殊气候条件下，现场检查人员应避免在雷雨、大雾、大风等天气时进行户外设备巡视工作。

【解读】在特殊气候条件下进行室外巡视工作时，巡视的工作环境和安全状况会变得复杂、危险，随时可能会发生严重威胁人员安全的意外情况。因

此，检查人员要尽可能地避免雷雨、大雾、大风等特殊气候条件下的户外巡视工作。

（2）检查人员应避免直接触碰设备外壳，如确需触碰，应在确保设备外壳可靠接地的条件下进行。

【解读】为防止客户配电设备外壳带电，导致检查人员触电，营销现场作业人员应避免直接触碰设备外壳。严格履行“严禁替代客户操作设备”“严格擅自操作客户设备”的规定。如果现场检查必须触碰，需有人监护，并征得客户同意，操作前首先需要检查设备外壳是否已可靠接地，需要在验电笔验明无电压后才能进行触碰操作。

（3）按政府部门要求协助重大活动相关客户开展巡视值守，应遵守相关安全工作要求。

【解读】供电企业在政府主导下按照“服务、通知、报告、督导”四到位的原则开展客户侧保电工作。供电企业与客户的保电安全责任以双方签订的《供用电合同》为基础，签订《重要活动供用电安全责任书》，客户产权范围内的电力保障工作由客户负责。

第六章　新兴业务相关工作安全

第一节　一般安全要求

1. 作业人员进入作业现场前，必须进行安全教育。考试合格后，方可上岗。

【解读】充换电现场工作具有较强的专业性，从事充换电设备现场作业的人员应掌握本专业的基本电气知识，具备岗位工作所需的业务技能，应通过安全思想教育、安全知识教育、安全技术教育和岗位技能培训，考试合格后，才能正确地进行工作。

2. 进入作业现场前，应按规定检验工器具、绝缘工具，发现有缺陷不准使用，使用电动工具要戴绝缘手套。

【解读】在进入充换电现场工作时，必须验证遵照规定检查安全帽、绝缘工作等是否符合要求。安全帽可防范头部物体打击、撞击；全棉长袖工作服有一定的阻燃和绝缘作用，并可防止电弧灼伤，隔离电热蒸气；绝缘鞋可保持对地绝缘；绝缘手套可保证电动工具与人的相对绝缘。

3. 工作时与设备带电部分保持表 1-1 规定的安全距离。

【解读】在进入充换电现场工作时，作业人员与设备带电部分之间的相对距离要保持在高压线路、设备不停电时的安全距离之外。

4. 进入作业现场前须配备好现场作业劳动保护和安全防护用品，安全帽、工作服要按标准佩戴，客户侧现场要坚持“同进同出”原则。

【解读】在进入充换电现场工作前，必须按照要求配备好现场作业劳动保

护和安全防护用品，如安全帽可防范头部物体打击、撞击；全棉长袖工作服有一定的阻燃和绝缘作用，并可防止电弧灼伤，隔离电热蒸气；绝缘鞋可保持对地绝缘；绝缘手套可保证电动工具与人的相对绝缘且在客户侧现场工作过程中，要严格与客户保持“同进同出”原则。

5. 作业前须确认作业人员身体和精神状态良好，严禁使用老、弱、病、残、童人员参加现场作业。

【解读】在进入充换电现场工作前，必须确认现场作业人员的身体和精神状态是否良好，禁止使用不满如安全要求的相关人员，比如老、弱、病、残、童人员参加现场作业。

6. 作业前，应核对设备名称、编号，防止走错桩体；先停电、验电，故障消缺、元器件更换时断开上一级电源。

【解读】在进入充换电现场工作前，必须认真核对充换电设备的名称、编号等相关信息，避免走错桩体；开展工作前，必须坚持先停电、再验电、故障消缺的工作顺序，在更换元器件及相关设备时必须断开上一级电源，保证人身及设备的安全。

7. 应注意作业场地电缆沟、孔洞及等临边的危害，保证作业人员人身安全；无护栏的不能靠悬空边缘走；临时栏杆不能依靠；孔洞及临边要留意护栏及盖板，严禁踩踏。

【解读】在进入充换电现场工作前，必须认真检查及核对作业现场的实际环境情况，如电缆沟、孔洞等危险点，无护栏的不能在悬空边缘行走，不得依靠临时栏杆，孔洞及临边要留意护栏及盖板，严禁踩踏，保证现场作业人员的人身安全。

8. 作业现场严禁吸烟，周边严禁堆放易燃物品；在有易燃易爆物品旁作业，必须制订严密的控制措施；了解现场消防器材位置，确保安全通道畅通。

【解读】在进入充换电现场工作时，禁止吸烟，必须认真检查核对作业现场的实际物品摆放情况，确认充换电环境周边是否堆放易燃易爆物品，如在易燃易爆物品旁开展作业时，必须先了解现场消防器材的摆放位置及是否合格可用，采取严密的安全控制措施。

9. 查看线路前检查电缆沟道是否畅通，电缆支架是否牢固，放电缆时沟道内应无杂物、积水，并有足够的安全照明。

【解读】在进入充换电设备进行现场工作之后，禁止吸烟，必须认真检查核对作业现场的实际物品摆放情况，确认充换电环境周边是否堆放易燃易爆物品，如在易燃易爆物品旁开展作业时，必须先了解现场消防器材的摆放位置及是否合格可用，采取严密的安全控制措施。

10. 放电缆时应由专人指挥，统一行动，信号明确，传达到位，电缆通过孔洞、过道管的交通通道时，两侧设置监护人，入口处保持畅通，出口处工作人员面部不可正对孔洞、通道。

【解读】在进入充换电场所进行安放电缆操作时，必须统一行动且信号明确传达到位，在电流经过孔洞、过道管的交通通道时，两侧要设置监护人且入口处保持畅通，出口处工作人员面部禁止正对孔洞、通道。

11. 放电缆时，临时打开的沟盖、孔洞设警示标志或围栏，完工后，立即封闭。检测人员进入隧道、夹层及电缆沟必须戴好安全帽，拐弯处人员必须站在电缆外侧。

【解读】在进入充换电场所进行安放电缆操作时，临时需要打开的沟盖、孔洞处必须设置警示标志或围栏，在安放电缆操作工作完成时，应立即封闭沟盖、孔洞；在作业人员进入隧道、夹层及电缆沟时，必须戴好安全帽，防止异物坠落，拐弯处人员必须站在电缆外侧。

第二节　充换电服务相关工作

1. 充换电设备安装、调试及接入

（1）充电站建设、充电设备安装应符合有关标准、规定要求。

【解读】充电站在实施阶段时，其规模、位置、照明、防雷、接地需遵循充电站建设规范要求。设备安装时，充电机配置、配线选型及敷设、防雷、接地需遵循设备安装规范要求。

（2）充电桩、整流柜等充换电设备带电前，本体外壳应可靠且明显接地。

【解读】充换电设备在接入电源前需开展设备接地测试，确保设备外壳已进行安全接地且接地标识需明显可见。

（3）充换电设备准备启动时，其附近应设遮栏及安全标识牌，并派专人看守。

【解读】充换电设备接入电源开启之前，需保证设备已设置遮拦，并安装安全标志牌且安排专业人员开展值守，确保无关人员无法闯入，防止触电事故发生。

2. 充换电站巡视

（1）充换电设备巡视人员每组不应少于两人。火灾、雷电、地震、台风、洪水、泥石流等灾害发生时，若需对充换电设备巡视，应得到充电设施管理单位（部门）批准。巡视人员与派出部门之间应保持通信畅通。

【解读】开展巡视作业，需一人负责巡视，一人负责监督，避免突然来电、作业不规范导致的触电事故发生。充电设备由专职部门进行管理，相关巡视工作必须取得许可，防止事故发生。

（2）巡视人员在巡视过程中发现充电机、充电桩外壳有漏电、设备响声异常、产生烟雾火花及严重缺陷时，应立即停止巡视，对充电桩进行断电处理，采取相应安全措施，并上报充电设施管理单位。

【解读】巡视人员在巡视过程中发现充电机、充电桩外壳漏电、设备出现异响、产生烟雾火花及严重缺陷时，需立刻断电处理并上报相关部门，防止出现危及巡视人员生命安全情况。

（3）巡视过程中，巡视人员不得单独开启箱（柜）门，开启箱（柜）门前应验电。

【解读】巡视过程中需开展开门检测时，巡视人员禁止单独开启箱（柜）门，必须存在另一人监督，并在开门前验电，确保线路安全。

（4）巡视人员发现接地线和接地体连接不可靠或锈蚀严重问题，应立即上报，并停电进行现场处理，直至接地电阻重新测量合格，确保充电站接地系统良好。

【解读】为避免充电设备运行过程中出现漏电风险，必须确保接地系统良好、可靠。

（5）充电场所应配齐消防措施，设置相应防火标志，定期开展消防巡视。

【解读】充换电场所必须配备齐全的消防措施，如灭火器等，必须设置相对应的防火标志，并定期开展安全消防巡视工作，保证消防设施的可用性。

（6）充电场所不得存放易燃、易爆物品，不得堆放杂物，定期开展危险品巡视。

【解读】充换电场所禁止存放易燃、易爆物品，不允许堆放杂物，必须定期开展充换电场所的危险品巡视工作。

（7）定期巡视充电场所遮阳避雨棚，有漏水、渗水情况的要及时更换。

【解读】必须定期开展充换电场所遮阳避雨棚巡视工作，将发现漏水、渗水的遮阳避雨棚，及时报备给相关管理的单位，由相关管理单位安全检修人员对遮阳避雨棚进行及时更换。

（8）禁止触摸充电站内破损的灯箱型广告牌或指示灯。

【解读】充换电场所工作过程中，禁止在未验电的情况下触摸充电站内灯箱型广告牌或指示灯且禁止触摸破损的灯箱型广告牌或指示灯。

（9）充电站内下水道上的井盖应加装防坠网，开启井盖作业时应设置遮拦及警示牌。

【解读】充换电场所的下水道井盖必须加装防坠网，在开展井盖作业时，并及时设置遮拦及警示牌，在工作完成之后，应立即关闭井盖，保证人身安全。

3. 充换电设备清扫保养

（1）充换电设备清扫作业每组应不少于两人，设备清扫需将充换电设备断电。

【解读】清扫作业时，需一人负责清扫，一人负责监督，防止突然来电、清扫人员作业不规范等情况导致的触电事故发生。

（2）清扫充换电设备精密元器件时，应戴防静电手套，保障人身安全，防止造成元器件损坏。

【解读】精密元器件对静电极其敏感，清扫时必须戴防静电手套，防止人体放电造成元器件损坏。

（3）清扫风扇等设备时，严禁作业人员将手指伸入。

【解读】清扫风扇时，气管吹出的气流会导致风扇高速旋转，存在机械伤害风险。

（4）一体式充电机进线或整流柜进线带电清扫时，应采取绝缘隔离措施防止相间短路或单相接地。

【解读】在清扫过程中，污垢、清扫工具都具备导电的可能性，如果污垢或工具搭接在相间或者相和地之间，将造成短路故障。

4. 充换电站检修

（1）检修工作时，拆开的引线、断开的线头应采取绝缘包裹等遮蔽措施。因检修试验需要解开设备接头时，拆前应做好标记，接后应进行检查。

【解读】如果突然来电，拆开的引线、断开的线头上将携带电流，对检修人员有安全隐患。

（2）变更接线或试验结束，应断开试验电源，并将升压设备的高压部分放电、短路接地。

【解读】因为设备相当于一个电容，在通电过后，即使断了电，也会储存大量的电荷，人接触了就会触电，高压部分放电及短路接地能够保护人身安全。

（3）抢修消缺时，需断开充电机交流进线开关，并在进线开关设置隔离挡板，防止工器具或其他物体掉落引发短路故障。

【解读】抢修消缺时，必须断开充电机交流进线开关，避免工作人员触电。并由于充电机上级配电没有断开，所以开关进线侧始终带电，因此必须在进线开关处装设隔离挡板，避免工器具或其他物体掉落到进线侧引发短路故障。

（4）充换电设备断电后，需等待 2 至 3 分钟，待充电机所有信号指示灯熄灭后，经验电确定无电后方可进行作业。

【解读】设备断电后，充电设备内部的容性负载会有一个放电过程，必须等完全放电后才可以作业。

5. 现场充（换）电服务

（1）充电操作前，应检查充电设备是否运行正常，严禁在桩体损坏、正在检修的设备上进行充电操作。

【解读】当充电桩本体出现损坏，或者设备处于检修状态时，容易出现漏电、短路等故障，存在人身安全风险。

（2）充电时应将充电枪完全插入充电口内，避免因雨淋漏电造成人身或设备伤害。

【解读】 雨水存在导电性，当流入充电口后，充电时存在漏电风险。

（3）充电时发生电池高温告警、充电模块高温告警等危及设备和人身安全的情况，应立即按下急停按钮，严禁拔出正在充电的充电枪。

【解读】 充电过程会产生发热现象，当设备出现故障时，会造成发热量剧增，充电枪线作为功率线缆，发热大、温度高，存在烫伤风险。

（4）充电完成后，应将充电枪归位放好。巡视人员进行巡视工作时，应将未归位充电枪及时归位。

【解读】 避免出现充电枪乱摆乱放导致的进水、碾压问题。

第三节　综合能源相关工作

1. 综合能效

（1）电缆安装及敷设，在电缆沟等有限空间作业，应在作业入口处设专责监护人，坚持“先通风、再检测、后作业”的原则，保持通风良好。出入口应保持畅通并设置明显的安全警示标志，夜间应设警示红灯，夜间施工人员应佩戴反光标志。

【解读】 第一，需建立可靠的隔断（隔离）方案，将可能危及作业安全的设施设备、存在有毒、有害物质的空间与作业地点分隔，并在显著位置安装警示标识，防止“无知者无畏”人员随意出入。第二，严格遵循“先通风、再检测、后作业”原则。在对有限空间实行通风措施后，对有限空间氧浓度、易燃易爆物质（可燃性气体、爆炸性粉尘）浓度、有毒有害气体浓度等指标进行检测。在通风和检测合格前，严禁任何人员进入有限空间作业。检测的时间需在作业进行前 30min（分钟）内。第三，作业过程中，需保持空气流通，严禁采用纯氧通风换气。并针对作业场所中的危险有害因素进行定时检测或连续监

测。作业中断超过30min（分钟）后，需进行重新通风、检测，结果合格方可进入。发现通风设备停止运转、有限空间内氧含量浓度低于或者有毒、有害气体浓度高于国家标准或者行业标准规定的限定范围时，必须立即停止作业，清点作业人员，撤离作业现场。第四，作业人员必须正确佩戴和使用劳动防护用品，与外部保持可靠的通信连接；监护人员严禁离开作业现场，并需与作业人员保持联系。

（2）线盘架设应选用与线盘相匹配的放线架，且架设平稳。放线人员应站在线盘的侧后方。当放到线盘上的最后几圈时，应采取措施防止电缆突然蹦出。

【解读】放线时，线盘需由专人负责看管，并且与放线人员保持联系。放线架上需具备制动装置，线路跨越公路或通航河流时，需派人在公路、河流两侧值守。线路跨越通信线或广播线时，需提前与相应部门联系。当导线跨越铁路、公路、通航河道和重要通信线时，严禁存在接头。

（3）电缆敷设时，盘边缘距地面不得小于100mm，电缆盘转动力量要均匀，速度要缓慢平稳。

【解读】电缆敷设时，电缆应从盘的上端引出，避免电缆在支架上及地面摩擦拖拉。电缆上禁止存在压扁、绞拧、护层折裂等机械损伤。电缆敷设时需排列整齐，不宜交叉，及时加以固定，安装相应标识。不得将电缆盘倾斜放置，把电缆一圈一圈往下倒。在分割电缆后，应及时对两端头进行密封。

（4）电缆敷设应由专人指挥、统一行动，并有明确的联系信号，不得在无指挥信号时随意拉引，以防人员肢体受伤。

【解读】敷设电缆作业需安排专人统一指挥。作业前，需由作业负责人或总指挥向全体作业人员讲明作业要求、联络信号及注意事项。在居民区及公路、铁路交通要道附近作业，需安排专人值守，并安装“前方施工、车辆绕行”标识，在夜间还需设置红灯标识。

（5）电缆通过孔洞、管子或楼板时，两侧应设专人监护。入口侧应防止电缆被卡或手被带入孔内，出口侧的人员不得在正面接引。

【解读】电缆通过孔洞时，出口侧的人员严禁在正面接引，放置电缆伤及面部。需在入口处采取措施防止电缆被卡，不得伸手，避免被带入孔中，出现人身事故。

(6) 电缆敷设时，拐弯处的作业人员应站在电缆外侧，且临时打开的孔洞应设围栏或安全标志，完工后立即封闭。

【解读】所有电缆敷设时，电缆沟转弯、电缆层井口出的电缆弯曲弧度一致、过渡自然，敷设时人员应站在拐弯口外侧。所有直线电缆沟的电缆必须拉直，不允许直线沟内支架上有电缆。电缆敷设之后，为避免日后的巡视、维护及检查中的困难，应在电缆敷设结束后挂设标识牌，电缆桥架内电缆应在首、尾、转弯、分支及每隔 50m 处挂设标识牌，其上应标明电缆规格、型号、起始位置、编号及电压等级，标识应清晰齐全。

(7) 进入带电区域内敷设电缆时，应取得运维单位同意，设专人监护，采取安全措施，保持安全距离，防止误碰运行设备，不得踩踏运行电缆。

【解读】若同一沟或隧道内敷设的数条电缆，在移动正在运行的电缆时，应经电气负责人批准，制订现场安全措施，安排专人指挥，移动电缆的长度不应超过 100m，10kV 及以上的电缆禁止带电移动。移动过程中必须保证电缆的弯曲半径在允许范围内。

(8) 电缆穿入带电的盘柜前，电缆端头应做绝缘包扎处理，电缆穿入时盘上应有专人接引，严防电缆触及带电部位及运行设备。

【解读】电缆到负荷后，需做终端头，再与负荷连接，避免电缆外皮被剥离部分与其他设施、行人碰撞而损坏，放置出现人员、设备损伤。电缆外皮剥开后，需要对拨开部分的钢丝/钢皮/外绝缘等进行处理，电缆与设备连接部分需要作终端头。

(9) 运行屏内进行电缆施工时，应设专人监护，做好带电部分遮挡，核对完电缆芯线后应及时包扎好芯线金属部分，防止误碰带电部分，并及时清理现场。

【解读】沟内敷设电缆需先将沟内杂物清除，垫砂内严禁出现坚硬锋利的物体；沿墙或架空敷设时应牢固可靠，架空敷设应遵照架空线路施工的有关安全规定。

(10) 电缆敷设经过的建筑隔墙、楼板、电缆竖井，以及屏、柜、箱下部电缆孔洞间均应封堵。

【解读】防火封堵是用防火封堵材料在电缆穿线孔洞和电器孔洞做隔断，

防止出现电缆自身发热自燃或外界明火导致的火灾蔓延。

（11）涉及的二次回路上的工作应按照本手册第二章第四节相关要求执行。

（12）采集终端安装工作应按照本手册第三章相关要求执行。

（13）互感器安装工作应按照本手册第三章第二节相关要求执行。

（14）能源服务网关箱体应具备良好的抗冲击、防腐蚀和防雨能力，并具备加封、加锁位置。

【解读】箱体的网关比较脆弱，不具备抗冲击、防腐蚀和防雨能力。

（15）能源服务网关箱接地线应以软导线与接地的金属构架可靠连接，软导线应选用 $4mm^2$ 及以上的单股多芯铜导线。

【解读】单股铜导线和多股铜线的区别主要在它的结构不同，由于多股铜线较软，不易折断线芯，它适用于导线要跟随运动的场合（比如一般的配电箱、柜的门上），多根导线敷设在一起的场合（便于导线敷设和导线束成型）。相对于单股导线而言，多股导线多用于控制线路。

（16）调试检查时，对可能发生误碰危险的安装位置，应将拆下的通信线用绝缘胶布进行包扎，作业人员不得直接触碰通信线导体部分。

【解读】在电信线、电力线、有线电视线和广播线混用的杆上作业时，仍须戴绝缘手套，穿绝缘鞋、戴安全帽和使用绝缘工具。

2. 多能服务

（1）设备吊装前，操作人员应掌握设备的重量、平台受力情况等，起重指挥人员与汽车吊驾驶员及时沟通，汽车吊的坐车、出杆须仔细计算，避开周围建筑。

【解读】需在各种起重吊装机械的运行部位、安全装置以及吊具索具进行详细的安全检查且试吊确认无误后，才可进行吊装作业。

（2）起重用各机具必须经过安全性检查，对于吊装的吊具、绳索、措施构件等应进行试吊，确认安全可靠后方可行吊装，防止断索、脱钩、失稳等安全事故的发生。

【解读】按照《吊装作业安全管理规定》，吊装作业前，需开展安全检查，确保安全可靠，严禁带病作业且必须对各种起重吊装机械的运行部位、安全装置以及吊具、锁具开展详细的安全检查。

（3）起吊作业时，无关人员不得接近吊装区域并设专人监护。

【解读】吊装作业前，需事先在现场安装安全警戒标识并安排专人监护，严禁非施工人员入内。起吊时，除操作人员以外其他人员严禁进入安全线内，避免影响操作或导致操作失误。

（4）管道、支架安装作业过程中必须安全使用临时电源，应从指定电源处取电。焊接和切割作业必须佩戴好防护面罩、防切割手套等劳动防护用品。

【解读】正常经营活动以外的基建施工、运维检修、设备安装等方面应从配电柜、变压器等指定电源处接入临时性用电。为防止焊接弧光和火花烫伤的危害，需选用符合作业条件的遮光镜片。焊工用面罩和头盔的壳体应选用难燃或不燃的且无刺激皮肤的绝缘材料制成，罩体应遮住脸面和耳部，结构牢靠，无漏光。焊工手套应选用耐磨、耐辐射热的皮革或棉帆布和皮革合制材料制成，其长度不应小于300mm，要缝制结实，严禁佩戴破损和潮湿的手套。焊工在可能导电的焊接场所工作时，所用的手套应该用具有绝缘性能的材料（或附加绝缘层）制成，并经耐电压5000V试验合格后，方能使用。

（5）管道、支架安装作业过程中，临时配电箱必须装有独立的漏电保护开关，禁止多台焊机、电动工具共用一个电源开关，配电箱都应接零（接地）。

【解读】临时配电箱内的工作零线应通过线端子板连接，并应与保护零线接线端子分设。配电箱、开关箱内的连接线应采用绝缘导线，接头不得松动，不得有外露带电部分。配电箱和开关箱的金属箱体，金属电器安装板以及箱内电器的不应带电金属底座、外壳等必须作保护接零，保护接零应通过接线端子板连接。每台用电设备必须有各自专用的开关箱，严禁用同一个开关箱直接控制1台及1台以上用电设备（含插座）。

（6）管道、支架安装作业过程中，电焊机一次线开关应装在便于操作的地方，一次线长一般不大于5m，周围应留有安全通道。电焊机外露的带电部分和裸露接线柱必须有完好的防护罩，二次线的接头应连接牢固。

【解读】电焊机的一次线不大于5m，以便发生突发情况时，及时方便地关闭电源开关。交流弧焊机变压器的一次侧电源线长度不应大于5m，其电源进线处必须设置防护罩。

（7）配电柜安装时，作业人员应动作轻慢，防止振动，与运行盘柜相连固

定时，不得敲打盘柜。

【解读】防止因配电柜震动造成接线端子松动造成断路器、接触器跳闸，引起负载失电或接线端子松动。

（8）配电柜安装时，进入带电区域内敷设电缆时，应取得运维单位同意，设专人监护，采取安全措施，保持安全距离，防止误碰运行设备，不得踩踏运行电缆。

【解读】进入带电区域内敷设电缆时，电缆两个端头周围需安装围栏且试验端围栏需具备出入口。人员进出通道需确保人员进出安全，与带电设备之间具有足够的安全距离。试验人员严禁翻越围栏，试验时非试验端需安排专人监管，防止出现人员触电事故。电缆经过踩踏易造成绝缘保护层损坏。

（9）设备调试。配电柜送电前，检查柜内接线正确，各分支开关处于分闸状态，送电后测量电压正常，零线和接地线无电压。

【解读】在保证无负荷状态下，开展配电柜送电前，按照规定流程送电。

（10）设备调试，单机测试前，检查设备处于完好状态，运转的设备运转部分周围没有妨碍物。设备启动时，严禁人员站在设备周围，设备运行正常后方可上前检查。

【解读】设备运行开启时可能造成震动、零件飞溅等状况，禁止设备周围存在人员，防止发生危险。

（11）设备调试，单机测试时，设备急停按钮或者配电柜前必须配备应急操作人员，一旦发现设备故障或其他不安全现象，应立即停止设备或电源。

【解读】单机测试时，可能出现手动、电动、气动液动阀门以及各种指示和记录仪表等出现故障，如出现设备故障或其他不安全现象，需立刻停止设备或电源，故障消除后重新开展测试工作。

（12）无生产负荷的联合试运转及调试，应在设备单机试运转合格后进行。空调、供热水系统、监测与控制系统以及供能系统等应满足调试使用要求。

【解读】单机试运行结束后需进行以下工作：切断电源和其他动力源；放气、排水、排污和防锈涂油；对蓄势器和蓄势腔及机械设备内剩余压力卸压；对润滑剂的清洁度进行检查，清洗过滤器，必要时更换新的润滑剂；拆除试运行中的临时装置和恢复拆卸的设备部件及附属装置；对设备几何精度进行必要的复查，各紧固部件复紧；清理和清扫现场，将机械设备盖上防护罩；整理试运行的各项记录；试运行合格后由参加单位在规定的表格上共同签字确认。

3. 新能源（屋顶光伏）建设

（1）光伏支架焊接时应穿戴符合专用防护用品要求的护目镜，穿工作服、手套、绝缘鞋。

【解读】焊工专用服饰是防烫、防烧、阻燃、保护人体的辅助用品。面罩是防止电弧光对眼睛的伤害，也保证焊接质量的一种遮蔽强光的用品。绝缘手套、绝缘鞋，防止在工作时焊接电压对人体的触电。

（2）光伏支架焊接时，注意通风，应采取措施排除有害气体、粉尘和烟雾等。

【解读】在焊接电弧所产生的高温和强紫外线作用下，弧区周围会产生大量的有毒气体，如一氧化碳、氮氧化物等。臭氧为无色、有特殊的刺激性气味的有害气体，它对呼吸道黏膜及肺有强烈的刺激作用。

（3）正确接线后，必须经检查方可送电，并应有人监护。

【解读】电源接线必须有专业持证人员进行。

（4）使用前必须对电焊机的二次线及接头进行检查，合格后方能使用。

【解读】电焊机二次线必须连接紧固，无松动且二次线接头禁止超出 3 个。二次线截面选用正确，避免长期过载使用造成绝缘老化。严禁使用厂房金属结构、管道、轨道等作为二次回路使用。

（5）电焊机外壳按规定进行可靠接地。使用的电源盘必须带漏电保护装置，使用前必须检验其可靠性。

【解读】各种电焊机（交流、直流）、电阻焊机等设备或外壳、电气控制箱、电焊机组等，均需依照（SDJ）《电力设备接地设计技术规程》的要求接地，避免触电事故发生。电焊机的接地装置必须经常保持连接良好，定期检测接地系统的电气性能。禁用氧气管道和乙炔管道等易燃易爆气体管道作为接地装置的自然接地极，防止由于产生电阻热或引弧时冲击电流的作用，产生火花而引爆。电焊机组或集装箱式电焊设备都应安装接地装置。专用的焊接工作台架应与接地装置连接。

（6）2m（米）及以上的安装调试工作应按照高处作业安全分册相关要求执行。施工作业过程有坠落风险时（佩戴防坠器），必须采取可靠坠落保护措施。

【解读】在安装光伏组件时，在高度2m及以上的高空作业，有坠落风险时，必须佩戴防坠器，使用安全皮带，佩戴安全帽。悬空高处作业人员应挂牢安全带，安全带的选用与佩戴应符合GB 6095《安全带》的有关规定。

（7）光伏组件安装作业开始时，应由两人将组件板抬于支架上，禁止单人挪用组件板，并按照图纸规划安放牢固。

【解读】抬光伏组件时必须由两人抬光伏组件，避免因光伏组件单方向受力或操作失误使得光伏组件背板和玻璃的划伤。

（8）光伏组件进行组件接线施工时，施工人员应正确使用安全防护用品，不得触碰金属带电部位。

【解读】接线施工时，必须佩戴带防护手套，穿防砸鞋。需将手头工具放入工具袋内，严禁触碰金属带电部位。

（9）对光伏组串完成但不具备接引条件的部位，应进行绝缘胶布包裹。

【解读】对组串完成但不具备接引条件的部位，应用绝缘胶布包扎好。

（10）当光伏组件有电流或具有外部电源时，不得连接或断开组件。

【解读】太阳能光伏组件把光能转换成直流电能，电量的大小会随着光强的变化而变化。当操作时应采取相应的防护措施，避免人员与DC30V或更高电压直接接触。

（11）在潮湿或风力较大的情况下，禁止进行安装或操作光伏组件。

【解读】光电转化效率会由于潮湿、灰尘、酸雨等的影响而下降，以致损坏失效。

（12）在屋顶及其他危险的边沿工作，临空一面应装设安全网或防护栏杆，否则，作业人员应使用安全带。

【解读】凡在离地面2m以上的地点进行工作为高处作业，高处作业人员必须使用安全带，佩戴安全帽。悬空高处作业人员应挂牢安全带，安全带的选用与佩戴应符合GB 6095《安全带》的有关规定。

（13）汇流箱安装前，应用兆欧表先对其内部各元件做绝缘测试。

(14) 在安装汇流箱、交流并网配电柜时，除接线端子外，不得接触机箱内部的其他部分。

【解读】安装时，除接线端子外，禁止触碰机箱内部的其他部分。所有的操作和接线必须符合国家和当地的相关标准要求。

(15) 安全带、安全绳悬挂点承载>1000kg。

【解读】安全带的选用与佩戴应符合GB 6095《安全带》的有关规定，安全带及安全绳悬挂点的承载能力必须大于1000kg。

(16) 在逆变器、电表箱安装过程中，应选择安全站立点或作业平台，禁止带电作业，如有必要佩戴防护眼镜，防止飞溅物。

【解读】在开展逆变器、电表箱安装工作时，必须选择安全站立点或作业平台，禁止带电作业，在必要的情况下，要佩戴防护眼镜，防止飞溅物，保证作业人员人身安全。

(17) 在逆变器、电表箱时，除接线端子外，不得接触机箱内部的其他部分。

【解读】在开展逆变器、电表箱安装工作时，除了接线端子外，禁止触碰机箱内部的其他部分。

(18) 在敷设直流电缆时，要保持连接头绝缘干燥且必须遵守施工工艺要求，严禁组件之间形成闭合回路。

【解读】在新能源建设过程中，敷设直流电缆时，必须遵守施工工艺要求，保持连接头绝缘干燥，避免组件之间形成闭合回路，危害设备及人身安全。

(19) 在敷设交流电缆时，严禁带电作业，交流侧火、零、地线严禁随意连接、错误连接；所有螺栓连接处必须拧死，无松动。

【解读】在新能源建设过程中，敷设直流电缆时，禁止带电作业，进停电开展作业前，必须先验电，接线及连接需符合施工工艺要求，交流侧火、零、地线严禁随意连接、错误连接且所有螺栓连接处必须拧死，无松动。

(20) 测试调试时，测试仪器仪表使用前进行外观及绝缘检查，禁止使用存在安全隐患工具。

【解读】在新能源建设完成进行测试、调试时，现场测试仪器仪表使用前进行外观及绝缘检查，禁止使用存在安全隐患的工具。

第四节 客户负荷管理

1. 客户调研摸排

（1）电力负荷管理客户现场调研摸排应由工作票签发人或工作负责人组织，应由客户项目负责人或电气值班人员带领，工作负责人、设备运维管理单位和检修单位相关人员参加。

（2）负荷管理现场作业人员开展客户筛选，在客户现场从事现场勘查时，需要与客户厘清保安负荷、可控负荷，掌握客户用电负荷特性、可控能力、线路拓扑、分路开关、专变终端等信息。

（3）负荷管理现场作业人员应掌握带电设备的位置，与带电设备保持足够安全距离，注意不要误碰、误动、误登运行设备。

2. 负荷分轮次接入设计

（1）加强对客户保安负荷的勘察与认定，坚决避免保安负荷接入控制回路。

（2）基于客户负荷控制能力，结合负荷控制智能分解策略，设计不同限电等级下负荷分轮次接入规范，支撑负荷分轮次接入和控制策略方案的制订。

3. 客户负荷接入

（1）工作负责人应与客户一起检查确认客户设备的当前运行状态、安全措施符合作业的安全要求，并向其交代相关内容。

（2）作业前，应检查多电源和有自备电源的客户是否已采取机械或电气连锁等防反送电的强制性技术措施，客户设备的操作由客户安排人员操作，禁止擅自操作客户设备。

（3）负荷管理现场作业时，客户设备应处于停电状态、开关应处于分闸状态；施工时应在带电设备周围设置遮拦，将停电设备与带电设备隔开，防止误入带电间隔、误碰带电设备。

（4）负荷管理现场作业人员在配电站、开闭所、箱式变电站、变压器等高压侧及其二次回路上工作时，应按照本手册第三章第二节相关要求执行。

（5）电缆敷设时，应按照本手册第六章第三节相关要求执行。

（6）负荷管理现场作业施工结束后，在客户设备送电前，应整理现场工器具，拆除安全措施（防振动、防误碰，绝缘），恢复设备到停电前状态。检查确认电流二次回路无开路，电压二次回路无短路，开关跳闸回路不得因一次设备送电导致误跳开关。

（7）工作班成员应撤离到安全区域，等待客户操作人员送电，如出现一次设备送电故障，应停电检查，配合客户做好检查作业的安全措施。

（8）在进行跳闸试验时，应先断开断路器侧控制接线，严禁带负荷试跳。凡遇到异常情况，不论与本身工作是否有关，应立即停止工作，保持现状，待查明原因，确定与本工作无关时方可继续工作。

第五节　分布式光伏

1. 现场勘查

现场勘查时须核实设备运行状态，严禁工作人员擅自开启计量箱（柜）门或操作客户电气设备，开启计量箱（柜）门前应先核实设备运行状态，掌握接线情况，并有人监护；未告知客户并经同意，不得擅自操作客户电气设备。

【解读】现场勘查重点设备的运行状态是否符合安全范畴，电气设备的开启和操作都具危险性严禁擅自操作。如若需要开启计量箱门则必须在确保运行状态无异常、有人监护、获得许可等情况下进行。

2. 计量装置安装

计量装置安装应按照本手册第三章相关要求执行。

3. 并网验收

（1）接入高压配电网的分布式电源，并网点应安装易操作、可闭锁、具有明显断开点、可开断故障电流的开断设备，电网侧应能接地；进线开关、并网

点开断设备应有名称和编号，并报电网管理单位备案。

【解读】为避免出现高压配电网检修时分布式电源向电网反送电使得检修人员触电事故，接入高压配电网的分布式电源需在并网点设置易操作、可靠闭锁且有明显断开点、可开断故障电流的开断设备（如安装断路器及隔离开关或熔断器等），电网侧需设置验电、接地装置。

为便于运行管理和调度，接入高压配电网的分布式电源进线开关以及并网断路器、隔离开关、熔断器等开断设备，应有相应的双重名称，并和接线图、相关图纸资料一起报电网管理单位备案。

（2）接入低压配电网的分布式电源，并网点应安装易操作、具有明显开断指示、具备开断故障电流能力的开断设备。

（3）装设于配电变压器低压母线处的反孤岛装置与低压总开关、母线联络开关间应具备操作闭锁功能。

【解读】孤岛效应会对电力系统中的客户和设备造成损害。因此，在光伏并网系统中需安装具备反孤岛保护功能的装置，从而对孤岛效应进行检测，及时断开光伏并网发电系统与电网。此装置具有操作闭锁功能，有效防范由人员误操作导致的反孤岛装置无法及时投入运行等安全隐患。

（4）分布式电源并网前，电网管理单位应对并网点设备验收合格，并通过协议与客户明确双方安全责任和义务。协议中应明确双方的产权分界点、设备操作范围和要求及设备操作时的客户侧停送电联系人名单。

（5）并网点客户产权开断设备应由客户操作。

（6）检修时，双方应相互配合做好电网停电检修的隔离、接地、加锁等安全措施，并明确并网点安全隔离方案。

【解读】并网协议包含但不限于上述条款所述内容，需明确保障人身安全和电网安全的基本要求，划分双方相关的安全责任和义务，内容明了，便于执行。

（7）分布式电源现场设备应具有明显操作指示，便于操作及检查确认，断路器（开关）、隔离开关（刀闸）的分合及操作把手的旋转方向应有明确的指示标识，并有分段闭锁、防止反送电等警示标识。

【解读】分布式电源相关设备应有明显的、带夜光指示的操作指示标识。

第六节 电 能 替 代

1. 煤锅炉（窑炉）电能替代

（1）现场收资调研勘查时，应按照本手册第一章第三节要求执行；为客户开展业扩报装时，应按照本手册第四章要求执行。工作过程中应由熟悉设备情况的客户人员全程陪同，使用巡检通道。

【解读】编制本规程是为了贯彻“四个管住”基本方针，本规程的核心是规范营销现场作业人员的行为和保证人身、电网、设备安全，重点是保证人身安全：①遵循各省电力公司严格将各级各类营销现场作业全部纳入计划管控，规范作业计划编制和刚性执行，坚决做到无计划不作业，杜绝安全管理盲区；②各省电力公司建立工单与作业计划同步机制，完善营销现场作业平台与营销业务应用系统功能接口，推动实现营销现场作业计划、安全工作票（卡）与作业工单协同办理，实现一次信息录入、同步自动生成，提升作业计划制订效率；③做好作业计划优化整合，对于时间地点接近、同一设备、同一作业班组的作业，应合并为一个作业计划，避免作业人员多次往返；④省营销服务中心（计量中心）、地市安全管控中心利用营销现场作业平台，对超承载力的作业计划进行提前预警，有效防范超承载力工作导致的安全风险。

（2）应避免直接接触炉膛/窑体、烟道内烟尘，防止中毒。

【解读】从气体和烟尘两部分来看，气体中包含水蒸气、二氧化硫、氮气、氧气、一氧化碳、二氧化碳、碳氢化合物以及氮氧化合物等，烟尘包括燃料的灰分、煤粒、油滴以及高温裂解产物等。因此，烟气的成分极其复杂，存在极大的人身安全风险。

（3）应避免直接接触锅炉主蒸汽管道、窑炉出口成品（或半成品），防止烫伤。

【解读】当锅炉主蒸汽管道、窑炉出口达到85℃以上时，会对皮肤造成程度不一的损伤。

（4）现场有压力容器时，应在熟悉现场环境且有特种设备运维检修相关资质的人员陪同下进入现场。

【解读】应对压力容器，需确保现场具有所需各类技术人员，覆盖锅炉制造、机械加工、无损检测、焊接、材料、质量管理等各个作业领域。

（5）锅筒、窑炉相关设备有明显变形、鼓包、泄漏时，不得进入现场工作。

【解读】按照规定，在特种设备领域，各制造、使用、检测单位必须在规定的期限内取得TS认证。

（6）不宜在锅炉/窑炉调试、检修、维护、保养等非正常运行工况时期进入现场。

【解读】锅炉调试是一项非常重要且具备一定风险的工作。为尽可能消除此项风险，负责这项工作的锅炉调试人员需具备扎实的专业知识和良好的职业素养，从而确保在锅炉调试过程中及时发现问题、更快更好地解决问题，尽可能消除安全事故，保障锅炉调试工作的安全、顺利开展。

（7）涉及锅炉等特种设备时，施工单位应具有相关许可证，将拟进行的特种设备安装、改造、重大修理情况告知当地政府负责部门并申请监督检验后，方可施工。

【解读】应由国家质量技术监督局根依据特种设备不同的危险性程度，提出执行本规定的具体特种设备目录，经征求有关方面意见同意后，确定并公布实施。

（8）进入锅炉/窑炉设备内部作业时，应安排专人监护，同时应有可靠的联络措施，明确作业时间，并做好工作人员的安全防护和应急处置措施。

【解读】作业人员必须确保在进入锅筒、容器前，将锅筒、容器上的人孔和集箱上的手孔全部打开，保证空气对流一段时间。作业人员也必须确保在进入烟室或燃烧室检查前进行通风。在锅筒、容器内进行检查时，必须保证器外有专人监护。

（9）进入锅炉的锅筒/窑炉和潮湿烟道内工作应使用电灯照明，安全行灯电压不超过24V；在比较干燥的烟道内行灯电压不宜超过36V，不得使用明火照明。

【解读】为从根本上防止发生触电伤亡事故，应根据生产和作业场所的特点，确保采用相应等级的安全电压。参照 GB 3805《特低电压（ELV）限值》的规定，我国安全电压额定值的等级分别为 42、36、24、12V 和 6V。在实际作业中，应综合考虑作业场所、操作员条件、使用方式、供电方式、线路状况等因素，选择相应等级的安全电压。例如，在特别危险的环境中使用的手持电动工具应采用 42V 特低电压。

2. 电制冷及采暖

（1）开展现场调研勘查时，应按照本手册第一章第三节要求执行。增容时应按照本手册第四章相关要求开展业扩报装业务。

（2）当现场运行设备发生安全装置故障、压力表异常、阀门漏气等异常情况时，应查明原因，严禁直接开展现场工作。发现异常情况，应指挥作业人员停止影响设备运行的操作后，尽快撤离现场，待查明原因，确认危险排除后继续开始工作。

【解读】现场运行设备发生异常情况时，可能对周边的设备、设施造成不可修复的危险。常见的异常情况包括安全装置故障、压力表异常、阀门漏气等，物理爆炸事故一旦发生，将会造成较大的经济损失，还会造成严重的人员伤亡。

（3）现场作业时应注意检查电制冷设备安全阀铅封标记是否损坏、是否发生泄漏等情况，作业现场严禁任意启封和调整安全阀。

【解读】考虑到安全阀防锈、防粘、防堵、防冻的要求，必须采取有效措施，保持安全阀日常清洁。同时应该安排经常性的安全阀铅封检查，保证铅封完好。凡经校验不合格的安全阀，必须及时修复或更换。

（4）现场作业发生安全阀起跳事件时，应进行紧急停机处理，待安全阀自动关闭后，再进行相应的检查和处理。

【解读】应该保证安全阀的年度检查频率，每年由法定的检验部门校验一次并铅封。无论是由于打压还是运行中引起的安全阀起跳，当发生安全阀异常状况时，每开启一次安全阀都须经法定的检验部门检验。安全阀必须铅封的主要原因之一是为了防止泄漏，因此，禁止操作者随意拆卸或调整螺栓。

3. 港口岸电

（1）工作过程中应与带电线路和设备保持表 1-1 中规定的安全距离。

【解读】设置隔离措施时需保持0.35m的安全距离，未设置时需保持0.7m的安全距离。如果穿带电作业服、戴绝缘手套、穿绝缘靴开展带电作业，可以直接碰触相关线路与设备。

（2）巡视设备禁止变更检修现场安全措施，禁止改变检修设备状态。巡视过程中发现设备缺陷及时汇报并采取必要应急措施，不得擅自处置。巡视设备禁止单人进行，巡视过程中禁止擅自操作设备。

【解读】为了确保人身、电网和设备安全，禁止在巡视设备的过程中变更检修现场安全措施或改变检修设备状态。巡视过程中发现设备缺陷时，不得擅自处置，应按下紧急停止按钮，并检测线路情况，按缺陷等级及时向上级汇报。

（3）大雨雷电、大风大浪等恶劣天气禁止开展室外工作。

【解读】大雨雷电、大风大浪等恶劣天气可能会造成涨潮、触电、设备短路等问题。禁止在恶劣天气开展室外工作，可以有效防止安全事故的产生。

（4）工作过程中，不准跨越船挡，上岸、下船时应注意周围环境，防止踏空等意外情况发生。

【解读】工作过程中，必须重视对周围环境的风险预判，上岸、下船时应熟悉周围环境，作业人员在明确了解工作中的危险因素和防范措施后，才能主动避免人身伤害。

（5）临水工作时，应设专人监护，应穿戴救生衣及防滑鞋，不得单人进行临水工作。

【解读】水上作业人员必须穿戴好个人防护用品，包括救生衣在内。为防止滑倒受伤，严禁穿拖鞋、高跟鞋。作业人员需安排专人监护，严禁独自进行临水作业。

第七章　高 处 作 业 安 全

第一节　一 般 安 全 要 求

1. 凡在坠落高度基准面 2m 及以上的高处进行的作业，都应视作高处作业。

【解读】GB/T 3608《高处作业分级》规定的高处作业定义为：在距坠落高度基准面 2m 或 2m 以上有可能坠落的高处进行的作业，并具备以下两个要点：

（1）坠落高度基准面是指可能坠落范围内最低处的水平面，并不等同于地面。

（2）若作业面虽高，然而作业环境较好且可以排除坠落的可能，则非高处作业（例如安全护墙的大楼平台中作业就不属于高处作业）

2. 凡参加高处作业的人员，应保证每年至少一次体检。

【解读】高处作业因其工作内容的高度危险性，其作业人员应具备良好健康状况。《特种作业人员安全技术培训考核管理规定》（国家安全生产监督管理总局令第 80 号）规定，直接从事特种作业的从业人员应经社区或者县级以上医疗机构体检健康合格，并无妨碍从事相应特种作业的器质性心脏病、癫痫病、美尼尔氏综合征、眩晕症、癔症、帕金森病、精神病、痴呆症以及其他疾病和生理缺陷。每年至少一次体检能有效防范高处作业人员身体状况不符合登高要求进而引发安全事故的可能。

3. 高处作业应搭设脚手架、使用高空作业车、升降平台或采取其他防止坠落的措施。

【解读】除上述措施之外，还有使用梯子、安全带、差速器、缓降器等防

止坠落的措施。

4. 使用高空作业车、带电作业车、叉车、高处作业平台等进行高处作业时，高处作业平台应处于稳定状态，作业人员应使用安全带。移动车辆时，应将平台收回，作业平台上不得载人。高空作业车（带斗臂）使用前应在预定位置空斗试操作一次。

【解读】高空作业平台的稳固性应有可靠保障，平台作业人员必须使用安全带。不稳固的作业平台使得作业人员无法控制平衡，导致高处坠落等事故，故高处作业平台必须保障固定设施的正常使用，高空作业人员作业时必须使用安全带。高空作业车、带电作业车的支撑腿，要事先垫枕木（并不得放在盖板、易塌陷处）、查看车辆平衡报警器等，使车辆保持稳定。作业平台作业时不得移动，移动时不得作业，移动时应平缓。

强调需要移动车辆时，作业平台应收回且不得载人，如若载人，移动车辆的平衡和安全性将大大降低，造成人员坠落的可能性大大上升（自行式高空车除外，因自行式高空车操作系统在作业平台上，只需将作业臂收回）。

5. 高处作业应使用工具袋。上下传递材料、工器具应使用绳索，禁止上下投掷；邻近带电线路、设备作业的，应使用绝缘绳索传递。较大的工具应用绳拴在牢固的构件上，工件、边角余料应放置在牢靠的地方或用铁丝扣牢并有防止坠落的措施，不准随便乱放，以防止从高空坠落发生事故。

【解读】本条主要防范高空坠物伤人。强调工具袋的使用，上下传递材料、工器具时绳索的使用，严禁上下抛掷传递。工具应随手放入工具袋。

所有存在坠落可能的物件，均应加以固定并妥善放置。高处作业中所用的物料包括工件、边角余料等，均应堆放平稳，不妨碍通行和装卸，必要时用铁丝等绑扎牢固。较大的工具应用绳拴在牢固的构件上，主要指作业中使用的链条葫芦、紧线器、剪线钳等。

6. 高处作业使用的安全带应符合GB 6095《安全带》的要求。

【解读】安全带是防止高处作业人员发生坠落或发生坠落后将作业人员安全悬挂的个体防护装备。营销现场作业所用的安全带应符合GB 6095《安全带》标准对安全带的术语定义、分类标记、技术要求、检验规则等要求。

7. 高处作业区周围的孔洞、沟道等应设盖板、安全网或遮栏（围栏）并有固定其位置的措施。同时，应设置安全标志，夜间还应设红灯示警。

【解读】为防止作业人员跌入孔洞、沟道等造成伤害，对高处作业区周围孔洞、沟道等采取一系列防护措施可有效避免这些问题。此外，在孔洞、沟道周围设置相关安全标志，设红灯以助夜间行车、作业安全，避免坠落孔洞、沟道。

8. 低温或高温环境下的高处作业，应采取保暖或防暑降温措施，作业时间不宜过长。

【解读】规定低温、高温环境下高处作业要落实保暖、防暑降温措施为防止作业人员在低温或高温下受冻伤、中暑等，并控制作业时间，具体要求如下：

（1）环境温度低于－10℃时，应严格控制作业时间在1h（小时）以下，并在作业现场备置取暖设备或场所。

（2）在高温环境进行高处作业时，饮水和防暑降温药品应保证保供应，日常检测作业人员状态，发现作业人员有中暑迹象时应及时停止作业并做好防坠措施。

9. 在5级及以上的大风以及暴雨、雷电、冰雹、大雾、沙尘暴等恶劣天气下，应停止露天高处作业。特殊情况下，确需在恶劣天气进行抢修时，应制订相应的安全措施，经本单位批准后方可进行。

【解读】阵风5级（风速8.0～10.7m/s）（GB/T 3608《高处作业分级》规定）时室外高处作业人员的平衡和安全性疾降；雷电时露天高处作业，雷击伤害可能性较高；大雾、沙尘暴等天气，使露天高处作业人员视线不清，可能导致作业人员低效作业甚至发生意外伤害等。因此，在阵风5级以上的大风以及暴雨、雷电、冰雹、大雾、沙尘暴等恶劣天气下，应停止露天高处作业，同时要做好稳固工作。特殊情况下，确需在上述恶劣天气时进行高处作业抢修时，经本单位主管部门负责人批准并现场指挥，在完备必要的安全措施下进行。

10. 在屋顶及其他危险的边沿工作，临空一面应装设安全网或防护栏杆，否则，作业人员应使用安全带。

【解读】作业地点在屋顶等高空边沿时，必须在临空一面事先应装设有围网或栏杆（设1050～1200mm高的栏杆，在栏杆内侧设180mm高的侧板），否

则必须使用安全带以防意外发生（没有发生高处坠落的可能，可不使用安全带）。

11. 峭壁、陡坡的工作场地或人行道上，冰雪、碎石、泥土应经常清理，靠外面一侧应设1050～1200mm高的栏杆，栏杆内侧设180mm高的侧板。

【解读】 峭壁、陡坡的场地和人行道上的冰雪、碎石、泥土等容易造成作业人员滑倒、坠落，同时碎石和泥土块等高处坠落还能造成落物伤人，需要经常清理。靠外侧设置高度1050～1200mm的栏杆，在栏杆内侧设180mm高的侧板，一方面防止高空坠落，一方面防止高空落物的措施。

12. 高处作业，除有关人员外，他人不得在工作地点的下面通行或逗留，工作地点下面应有遮栏（围栏）或装设其他保护装置。若在格栅式的平台上工作，应采取有效隔离措施，如铺设木板等。

【解读】 工作地点下面应设置围栏或其他保护装置，以阻止无关人员随意通行、逗留，并起到警示作用。格栅式平台因有缝隙，故要求采取有效隔离措施（如铺设木板、竹篱笆等）防止坠物伤人。

第二节　安　全　带

1. 在2m及以上的高处作业应使用安全带。在没有脚手架或者在没有栏杆的脚手架上工作，高度超过1.5m时，应使用安全带，或采取其他可靠的安全措施。安全带宜使用有后备保护绳或速差自锁器的双控背带式。

【解读】 在没有脚手架或者在没有栏杆的脚手架上工作，高度超过1.5m、小于2m虽不属于高处作业，但是仍存在较大坠落意外风险，故安全带的使用和安全措施极具必要性。

高处作业安全带使用过程中可能被锋利物体刺割损坏导致断裂，因此应使用带后备保护绳或带速差自锁器的双控背带式安全带中称为“坠落悬挂安全带和围杆带组合”。

后备保护绳长度超过3m时选用带有缓冲器的坠落悬挂安全带，以防作业人员意外坠落时，自身的冲击力对人体造成的伤害。

2. 在电焊作业或其他有火花、熔融源等的场所使用的安全带或安全绳应有隔热防磨套。

【解读】使用有隔热防磨套的安全带或安全绳，能防止电焊作业时落下的电焊渣以及其他火花、熔融源落在安全带或安全绳上，以防安全带或安全绳在高温意外熔断。

3. 安全带的挂钩或绳子应分别挂在不同的牢固的构件上、或专为挂安全带用的钢丝绳上，并应采用高挂低用的方式。禁止挂在移动或不牢固的物件上[如隔离开关（刀闸）支持绝缘子、母线支柱绝缘子、避雷器支柱绝缘子等]。

【解读】安全带的“高挂”是指挂钩挂在高过腰部的地方，目的是保持人体重心稳定。安全带应采取高挂低用的方式，在特殊施工环境安全带没有地方挂时，可采用装设悬挂挂钩的钢丝绳，并确保安全可靠。

后备保护绳与安全带分别挂在杆塔不同部位的牢固构件上，目的是防止作业过程中固定安全带的构件出现异常时，安全带和保护绳同时失去保护作用。

严禁将安全带系在不牢固的部件上。隔离开关（刀闸）支持绝缘子、线路支柱绝缘子、避雷器支柱绝缘子、瓷横担等受力易断裂，因此禁止将安全带挂在这些不牢固处。

4. 安全带和专作固定安全带的绳索在使用前应进行外观检查。安全带应按附录M定期检验，不合格者不得使用。

【解读】现场使用的安全带，应符合国家GB 6095《安全带》和GB/T 6096《安全带测试方法》规定。

安全带和固定安全带的绳索，在使用前应进行外观检查，并应定期进行静荷重试验。试验不合格的安全带及固定绳索应作报废处理，不准再次使用。安全带上的各种部件不得任意拆掉，更换新绳时要注意加绳套，带子使用期为3～5年，发现异常应提前报废。

安全带使用前的外观检查主要包括：

（1）组件完整、无短缺、无伤残破损。

（2）绳索、编带无脆裂、断股或扭结。

（3）金属配件无裂纹、焊接无缺陷、无严重锈蚀。

（4）挂钩的钩舌咬口平整不错位，保险装置完整可靠。

（5）铆钉无明显偏位，表面平整等。

GB 24543《坠落防护安全绳》规定，用作固定安全带的绳索使用前的外观检查主要包括：

（1）末端不应有散丝。

（2）绳体在构件上或使用过程中不应打结。

（3）所有零件顺滑，无尖角或锋利边缘等。

安全带应每年进行一次静负荷试验，其围杆带、围杆绳、护腰带、安全绳应分别试验，其试验静拉力为围杆带2205N、围杆绳2205N、护腰带1470N、安全绳2205N，试验时间为5min。

5. 作业人员作业过程中，应随时检查安全带是否拴牢。高处作业人员在转移作业位置时不得失去安全保护。

【解读】高处作业时以及高处转移时，时刻存在高空坠落风险，应随时检查安全带是否拴牢，采取防坠安全措施（使用带后备保护绳的安全带，移位时不得失去后备防护），以保证高处作业人员时刻有安全保障。

6. 腰带和保险带、绳应有足够的机械强度，材质应耐磨，卡环（钩）应具有保险装置，操作应灵活。保险带、绳使用长度在3m以上的应加缓冲器。

【解读】为保证安全带满足人员防坠要求、使用时不被磨断，其腰带和保险带、绳材质应耐磨，机械强度应达到安全保障标准。卡环（钩）应有保险装置并具备灵活操作性，以防止使用中卡环（钩）脱落。

在杆塔上移位时，应同时使用围杆带和后备保护绳（保护绳过长，人坠落时容易受到撞击伤害后备保险绳长度不宜超过2.5m）等方式，防止失去安全带保护而高处坠落。

7. 作业前，应进行围杆带和后备绳的试拉，无异常方可继续使用。

【解读】本条是为了防止作业人员因围杆带和后备绳的缺陷而导致坠落伤害发生。

8. 安全带不使用时，应由专人保管。存放时，不应接触高温、明火、强酸、强碱或尖锐物体，不应存放在潮湿的地方。储存时，应对安全带定期进行外观检查，发现异常必须立即更换，检查频次应根据安全带的使用频率确定。

【解读】为防止安全带破损、腐蚀、变形，导致机械性能降低，安全带存放时不得与高温、明火、强酸、强碱或尖锐物体接触。

第三节　梯　　子

1. 营销现场近电作业不得使用金属梯，运行的变电站内作业应使用绝缘梯，其他各类营销现场作业宜使用绝缘梯。梯子应坚固完整，有防滑措施，并定期送检。梯子的支柱应能承受攀登时作业人员及所携带的工具、材料的总重量❶。

【解读】在配电站（台变）的带电区域内或邻近带电线路处禁止使用金属梯子，防止因与带电部分的安全距离不够而产生感应电、放电或直接触及带电部分，造成人身伤害和设备损坏。梯子使用前应重点检查梯子完整，梯脚底部应坚实并有防滑套，且不得有缺档。靠在管子上使用的梯子，其上端应有挂钩或用绳索缚住。

在梯子上作业时，梯子的支柱一般只允许承受一名作业人员及其所携带少量的工具、材料等荷重，作业现场应严格把控登梯人及登梯材料的自重限制。

2. 硬质梯子的横档应嵌在支柱上，梯阶的距离不应大于 40cm，并在距梯顶 1m 处设限高标志。

【解读】梯阶间距在 40cm 以内可以在便于攀登的前提下确保单个梯框稳定性，横档嵌在支柱上可以保证整体结构稳定、牢固。

梯顶作业易造成重心后倾失去平衡而坠落，故应在距单梯顶部 1m 处设限高标志，作业人员不得越线工作。

3. 使用梯子前，应先进行试登，确认可靠后方可使用。有人员在梯子上工作时，梯子应有人扶持和监护。

❶ “重量”的正确称谓应为“质量”，但在国网公司的文件中还用的是“重量”，所以在本书中延用。

【解读】《国家电网公司电力安全工器具管理规定》（国家电网企管〔2014〕748号）安全工器具检查与使用要求第3.2.3条：梯子应放置稳固，梯脚要有防滑装置。使用前，应先进行试登，确认可靠后方可使用。有人员在梯子上工作时，梯子应有人扶持和监护。

4. 使用单梯工作时，梯与地面的斜角度约为60°。

【解读】梯子与地面的夹角太大，人员重心后倾，稳定性相对就差，作业时容易失去平衡而造成高处坠落事故。梯子与地面的斜角度太小，梯脚与地面的摩擦力将减小，人员作业时梯脚与地面产生滑动，梯顶沿支撑面下滑进而造成人身伤害事故。

5. 梯子不宜绑接使用。人字梯应有限制开度的措施。

【解读】如果梯子绑接的强度不够，梯子使用时可能发生变形、折断进而造成人员伤害事故。梯子需要连接使用时，应用金属卡子接紧，或用铁丝绑接牢固。人字梯应有限制开度的措施，即具有坚固的铰链和限制开度的拉链。

6. 人在梯子上时，禁止移动梯子。

【解读】人在梯子上时移动梯子，整体重心很高，梯子极易倾倒，类似状况发生移梯，人几乎没有任何能力控制伤害，易导致严重的梯上人员坠落事故。

7. 在户外变电站、配电站和高压室内搬动梯子、管子等长物，应放倒，由两人搬运，并与带电部分保持足够的安全距离。

【解读】长物在搬运过程中稳定性、控制性较差，极易误碰带电设备或不能和带电部分保持足够的安全距离，造成人身伤害和设备损坏。

8. 在杆塔上使用梯子，应将两端与固定物可靠连接，一般应由一人在其上作业。

【解读】在杆塔上使用梯子，在架设梯子时将两端与固定物进行可靠连接，可增强其稳固性，但仍存在受力弱的问题，所以谨防两人及以上登梯作业。

第八章　电动工具及安全工器具使用、检查、保管和试验

第一节　一 般 安 全 要 求

1. 作业人员应了解机具（电动工具）及安全工器具相关性能，熟悉其使用方法，并定期组织相关操作培训。

【解读】操作机具（电动工具）、使用安全工器具的人员应了解相关机具（电动工具）的性能和注意事项，并能达到熟练使用和操作的程度。作业人员必须熟悉机具（电动工具）及安全工器具的技术参数，熟练掌握操作和使用方法。为了确保作业人员掌握安全操作的要点，操作、使用机具的人员应该接受培训，考试合格通过后才能上岗。不懂机具性能的人员禁止操作和使用机具。

2. 现场使用的机具、安全工器具应经检验合格，并每年定期进行检验。

【解读】使用未经试验合格、已报废或存在安全隐患的机具及安全工器具，可能导致人身伤害或设备损坏。因此，为避免这类危险，机具、安全工器具应由具有资质的检验机构进行定期检验、试验和鉴定。

3. 机具的各种监测仪表以及制动器、限位器、安全阀、闭锁机构等安全装置应完好。

【解读】为防止发生人身伤害和设备损坏，作业人员在使用机具前，应对各类监测仪表、制动器、限位器、安全阀以及闭锁机构等安全装置进行检查试验，确保没有损坏、变形、失灵等问题，确保转动、传动等部位充分润滑。作

业人员应该确保安全装置齐全、完好，监测仪表能正确监测机具的使用情况。严禁使用安全装置与监测仪表不合格的机具。

4. 机具在运行中不得进行检修或调整。禁止在运行中或未完全停止的情况下清扫、擦拭机具的转动部分。

【解读】若在机具运行中进行检修或调整，容易导致机具的不正常运行状态，并造成机具损坏、变形、失灵等问题，甚至危及人身安全、设备完好。作业人员若发现机具运行中有异常，应立即停机检修或调整。

若在机具运行或未完全停止的情况下清扫、擦拭机具的转动部分，作业人员极容易卷入转动部分，遭受严重的人身伤害。因此，禁止在运行中或未完全停止的情况下清扫、擦拭机具的转动部分。

5. 检修动力电源箱的支路开关、临时电源都应加装剩余电流动作保护装置。剩余电流动作保护装置应定期检查、试验、测试动作特性。

【解读】检修动力电源箱是低压配电设备的一种，用来给检修使用的电气设备提供常规动力电源。由于检修人员在工作中经常使用检修动力电源箱，为保证使用人员的安全，防止使用过程中人身触电，要求检修动力电源箱的支路开关、临时电源必须加装剩余电流动作保护器。

剩余电流动作保护器脱扣电流小、判断准确、动作快，是防止人身触电、电气火灾及电气设备损坏的一种有效的防护措施。检修动力电源箱的末级剩余电流动作保护器应满足动作电流不大于30mA、动作时间不大于0.1s的要求。每次使用前应按压试验按钮检验剩余电流动作保护器是否可以正确动作，每当雷击或其他原因使其动作后，也应检查和进行跳闸实验。

6. 施工机具和安全工器具应统一编号，专人保管，做好使用记录。入库、出库、使用前应检查。禁止使用损坏、变形、有故障、试验超期等不合格的机具和安全工器具。

【解读】应建立完善的规章制度，统一管理机具和安全工器具，应对各类机具和安全工器具进行分类统一编号，按“账、卡、物一致”的原则建立管理台账，并确保由专人负责在专用库房内保管。出入库和使用前，作业人员应检查机具和安全工器具，严格执行机具和安全工器具的试验周期，确保机具和安全工器具符合使用条件。当施工机具和安全工器具出现结构变形、部件磨损严重、指示装置失灵、功能失效时，禁止作业人员使用。

7. 自行购置、自制或改装以及主要部件更换或检修后的机具，应按其用途依据国家相关标准进行型式试验，经鉴定合格后方可使用。

【解读】 贸然使用无法确认性能满足安全要求的机具可能造成人员伤害或机具损坏。因此，自制或改装以及主要部件更换或检修后的机具，必须经由具有资质的鉴定机构按国家相关标准进行试验鉴定，以确保机具满足作业现场施工和技术要求、符合使用要求。试验鉴定的内容主要包括空载、负载、过载试验和压力耐压试验、制动试验等。针对自制、改装或更换主要部件的机具，鉴定试验还应当包括型式试验，试验合格后机具方可投入使用。

第二节　电动工具的使用和检查

1. 连接电动机械及电动工具的电气回路应单独设开关或插座，并装设剩余电流动作保护装置，金属外壳应接地；电动工具应做到“一机一闸一保护”。

【解读】 每台电动机械、电动工具，都要有单独的保护装置，确保保护动作正确且故障时不影响其他电动工具的正常供电。保护装置包括断路器和剩余电流动作保护器（剩余电流动作保护器应连接在电动工具的金属外壳上），即“一机一闸一保护”。

2. 电动工具使用前，应检查确认电线、接地或接零完好；检查确认工具的金属外壳可靠接地。

【解读】 保护性接地是指将与电动工具带电部分绝缘的金属外壳同接地体之间做良好的连接，为防止电动工具因金属外壳意外带电造成人员触电伤害。

电动工具在使用前，接地或接零应完好，并确认工具的金属外壳可靠接地，防止因电动工具绝缘损坏造成使用人员触电。

3. 长期停用或新领用的电动工具应用绝缘电阻表测量其绝缘电阻，若带电部件与外壳之间的绝缘电阻值达不到2MΩ，禁止使用。电动工具的电气部分维修后，应进行绝缘电阻测量及绝缘耐压试验。

【解读】长期停用或新领用的电动工具，由于不能确定其绝缘性能，故使用前要进行绝缘电阻检测。若带电部件与外壳之间的绝缘电阻值达不到 2MΩ，应禁止使用。电动工具的电气部分经过维修后，绝缘性能可能下降，为确保绝缘强度合格，应进行绝缘电阻测量及绝缘耐压试验。

4. 使用电动工具，不得手提导线或转动部分。使用金属外壳的电动工具，应戴绝缘手套。

【解读】电动工具导线的机械强度有限，导线与工具的连接部分尤其脆弱，更容易受到外力损伤。手提导线时，电源导线与工具连接处的荷重加大，导线及其连接处可能因此受到损伤而破坏绝缘，导致电动工具在使用时漏电，造成作业人员触电。如果作业人员手持电动工具的转动部分，一旦电动工具突然转动，将造成意外人身伤害。

作业人员使用金属外壳的电动工具时，可能因设备原因或使用不当而造成绝缘损坏、外壳带电，引发人身触电，因此作业人员应该在使用时戴绝缘手套。

5. 电动工具的电线不得接触热体或放在湿地上，使用时应避免载重车辆和重物压在电线上。

【解读】当电动工具的电线绝缘部分置于超过许可温度的环境中时，绝缘物质会因烧伤而失去绝缘性能；当电线放在潮湿地面时，绝缘物质会因受潮而降低绝缘性能；当电线受到载重车辆或重物挤压时，会发生导线损伤、绝缘破损的情况。以上情况均可能引发接地或短路故障、漏电触电等事故，所以作业人员应严禁出现以上状况。

6. 在使用电动工具的工作中，因故离开工作场所或暂时停止工作以及遇到临时停电时，应立即切断电源。

【解读】为防止电动工具突然转动对作业人员造成伤害，在使用电动工具时，若作业人员需离开工作场所或暂时停止工作，应切断电动工具的电源，避免他人误动工具；同时，在工作中遇到临时停电状况，作业人员也应关闭电动工具的操作开关并切断电源。

7. 一般作业场所（包括金属构架上），应使用Ⅱ类电动工具（带绝缘外壳的工具）。

【解读】GB/T 3787—2017《手持式电动工具的管理、使用、检查和维修安

全技术手册》中规定，按电气安全防护方式将电动工具、机具分为Ⅰ、Ⅱ、Ⅲ三种类型。Ⅱ类电动工具一般包含绝缘外壳Ⅱ类电动工具和金属外壳Ⅱ类电动工具两种。

带绝缘外壳的Ⅱ类电动工具将大部分金属包容在绝缘外壳内，只留一些小金属零件如铭牌、铆钉、螺钉等未包裹，因此具有经久、牢固的绝缘性能。在一般作业场所（包括金属构架上），作业人员应使用带绝缘外壳的Ⅱ类电动工具，防止绝缘性能降低造成安全隐患。

8. 在潮湿或含有酸类的场地上以及在金属容器内，应使用24V及以下电动工具或Ⅱ类电动工具，并装设额定动作电流小于10mA、一般型（无延时）的剩余电流动作保护装置且应设专人不间断监护。剩余电流动作保护装置、电源连接器和控制箱等应放在容器外面。电动工具的开关应设在监护人伸手可及的地方。

【解读】按照GB/T 3805《特低电压（ELV）限值》规定，潮湿或含有酸类的场地上以及在金属容器内的安全电压值为24V，所以在潮湿或含有酸类的场地上以及在金属容器内应使用24V及以下电压的电动工具，并装设额定动作电流不大于10mA、一般型（无延时）的剩余电流动作保护器。当漏电情况出现时，剩余电流动作保护器切断电源，以保证人身安全。工作过程中还应设专人全过程监护，防止意外发生。

剩余电流动作保护器、电源连接器和控制箱等设备放在金属容器里面时，一旦发生设备故障漏电，特别是剩余电流动作保护器电源侧的设备故障漏电，会使金属容器带电造成作业人员触电伤害，因此应将剩余电流动作保护器、电源连接器和控制箱等设备放在容器外面。电动工具的开关应设在监护人伸手可及的地方，当遇到紧急情况能及时断开电源，防止事态扩大。

第三节 安全工器具使用和检查

1. 安全工器具使用前，应检查确认安全工具正常可用，无异常破损、固定

连接部分无松动、无锈蚀、无断裂等现象，并在检验合格期内。对其绝缘部分的外观有疑问时应经绝缘试验合格后方可使用。

【解读】为了达到现场安全把关、确保安全工器具合格、良好的目标，作业人员应在使用前检查安全工器具的外观。安全工器具使用前的检查应针对以下三个方面重点展开：①确保安全工器具有试验合格证，并在试验的有效期内；②确保绝缘部分没有裂纹、老化、绝缘层脱落、严重伤痕等状况，避免因绝缘性能降低产生造成安全隐患，确保固定连接部分没有松动、锈蚀、断裂等状况，避免安全工器具在使用过程中发生损坏，造成事故，如发现安全工器具有明显的外在缺陷，应严禁继续使用；③为保证其绝缘性能良好，当作业人员对安全工器具绝缘部分的外观有疑问时，应遵循工具类别、相关方法和试验标准（工频耐压试验、电阻测量、泄漏电流测量等）等规范进行检验，检验合格后方可使用。

2. 安全帽使用前，应检查帽壳、帽衬、帽箍、顶衬、下颏带等附件完好无损。

【解读】安全帽可以保护作业人员的头部，大大减轻受坠物冲击、侧向撞击、穿刺、挤压及其他因素对头部造成的伤害。使用安全帽前，应对所有附件进行检查，确保帽壳、帽衬、帽箍、顶衬、下颏带、锁紧卡等完好无损后才能佩戴。当安全帽出现变形、帽壳破损、缺少帽衬（帽箍、顶衬、下颏带）以及超过使用年限等情况时，安全帽的机械性能降低，失去保护作用，应禁止使用此类安全帽。

3. 安全帽使用时，应将下颏带系好，防止工作中前倾后仰或其他原因造成滑落。

【解读】正确佩戴和使用安全帽应遵循以下要求：

（1）佩戴安全帽前，先要检查安全帽是否在试验合格期内，检查确保各部件齐全、完好后方可使用。

（2）佩戴安全帽，需要系牢颏下系带，将帽箍调整至适中，防止安全帽滑落。

（3）不能随意拆卸安全帽或为安全帽添加附件，以免影响其原有的防护性能。

（4）只要经受过一次强力的撞击，安全帽的性能就会大幅受损，无法再次有效吸收外力，有时尽管安全帽外表上看不到任何损伤，但是内部已经遭到损伤，不应该继续使用。

4. 绝缘手套，应柔软、接缝少、紧密牢固，长度应超衣袖，使用前应检查无粘连破损，气密性检查不合格者不得使用。

【解读】现场作业要求绝缘手套具有良好的电气性能、较高的机械性能，以及良好的柔软性，使用绝缘手套时应将上衣袖口套入手套筒口内，保护操作人员避免因接触电压、泄漏电流电弧等受到伤害。

作业人员应在使用前检查绝缘手套有无粘连、破损的状况，并进行气密性检查（从手套袖口开始向手指方向卷紧和挤压，检查是否有漏气和裂口状况），若发现绝缘手套有缺陷，应严禁继续使用，防止接触电压、泄漏电流电弧等对人员造成伤害。

5. 小型验电笔使用前应检查外观及绝缘部分，无异常破损；在带电部位测试报警装置是否正常可用。

【解读】作业人员应确保绝缘操作杆、验电器和测量杆的允许使用电压应与设备电压等级相符。若允许使用电压小于设备电压等级，则绝缘操作杆、验电器和测量杆在使用过程中可能出现绝缘性能（绝缘强度）不足，引发工具损坏、人员触电等危害。若使用的验电器电压高于设备电压等级，即使被验设备有电，验电器也可能没反应，导致作业人员产生错误判断；若使用的验电器电压小于设备电压等级，则会造成验电器绝缘击穿，引发验电人员触电危险。

6. 绝缘操作杆、验电器和测量杆

（1）允许使用电压应与设备电压等级相符。

（2）使用时，作业人员手不得越过护环或手持部分的界限。人体应与带电设备保持安全距离，并注意防止绝缘杆被人体或设备短接，以保持有效的绝缘长度。

（3）雨天在户外操作电气设备时，绝缘操作杆的绝缘部分应有防雨罩，罩的上口应与绝缘部分紧密结合，无渗漏现象，以便阻断流下的雨水，使其不致形成连续的水流柱而大大降低湿闪电压。雨天使用绝缘杆操作室外高压设备时，还应穿绝缘靴。

（4）验电器的各部件，包括手柄、护手环、绝缘元件、限度标记和接触电极、指示器和绝缘杆等均应无明显损伤。手柄与绝缘杆、绝缘杆与指示器的连接应紧密牢固。非雨雪型电容型验电器不得在雷、雨、雪等恶劣天气时使用。

【解读】作业人员手持的安全范围在绝缘操作杆、验电器和测量杆的护环或手持部分的界限之内，若越过护环或手持部分的界限，护环或手持部分的有效绝缘长度会减小，更容易发生人身触电和设备损害。在频繁的使用与运输中，绝缘操作杆、验电器和测量杆难以避免磨损，此时作业人员越过护环和手持部分的界限进行操作，会使其绝缘长度减小，导致人体或设备与绝缘杆短接，发生触电及设备伤害，故应保持有效的绝缘长度。为确保作业安全，作业人员使用绝缘操作杆、验电器和测量杆时，应确保人体与带电设备保持足够的安全距离，并确保戴绝缘手套，防止发生人员触电的危险。

操作杆受潮时，操作中会产生较大的泄漏电流，危及操作人员安全。加装防雨罩、绝缘子可同时保持一段干燥的爬电距离，保证湿闪电压合格。因此，雨天操作应使用有防雨罩或带绝缘子的操作杆。穿绝缘靴的目的增加绝缘强度，减少人身触电的可能性。因此，雨天操作应穿绝缘靴。

作业人员应确保验电器各部件无损伤、连接良好，防止因验电器绝缘性能降低造成安全隐患，或使用过程中导致设备损坏。雨雪天气湿度较大，验电器绝缘杆表面受潮不均匀，可能引发绝缘杆的不均匀湿闪，对验电人员造成伤害。因此，雨雪天气时在室外验电，应使用带防雨罩的雨雪型验电器，并戴绝缘手套。

7. 成套接地线

(1) 接地线的两端夹具应保证接地线与导体和接地装置都能接触良好、拆装方便，有足够的机械强度，并在大短路电流通过时不致松脱。

(2) 使用前应检查确认完好，禁止使用绞线松股、断股、护套严重破损、夹具断裂松动的接地线。

【解读】成套接地线具有良好的导电性能，可以把线路高压电和残余电荷直接导入地面，防止由于误合闸、反送电及邻近带电体等原因产生感应电，使工作人员触电。营销现场作业通常采用弹簧压紧式、螺旋压紧式等成套接地线。

作业人员应确保成套接地线的各部件连接良好，确保接地线两端线夹均安装牢靠，不能出现松动或缠绕的状况且应该便于拆装。作业人员在装、撤接地线时应全程戴绝缘手套。

作业人员应仔细检查接地线的两端夹具，确保接地线与导体、与接地装置都能接触良好。若导体端接触不良，则接地电流流过时会因过热而烧断接地线，失去接地保护的作业人员容易触电受伤；若接地端接触不良，则接触电阻增大，短路电流流过时在检修设备上产生较大电压，造成人身伤害。

成套接地线的主要组成部分是绝缘操作杆、导线夹、多股软铜线、接地夹、绝缘护套，考虑到不同电压等级的接地线绝缘操作杆的工频耐压强度不同，在选择接地线时应确保有相应电压等级、各部件完整、各部件连接可靠。作业人员使用前应仔细检查接地线，确认其完好，如发现有绞线松股、断股、护套严重破损、夹具断裂松动等缺陷，应禁止继续使用，防止作业人员失去安全保障，暴露于风险之中。

8. 绝缘隔板和绝缘罩

（1）绝缘隔板和绝缘罩只允许在35kV及以下电压的电气设备上使用，并应有足够的绝缘和机械强度。

（2）用于10kV电压等级时，绝缘隔板的厚度不得小于3mm，用于35kV（20kV）电压等级不得小于4mm。

（3）现场带电安放绝缘隔板及绝缘罩，应戴绝缘手套、使用绝缘操作杆，必要时可用绝缘绳索将其固定。

【解读】放置绝缘隔板和绝缘罩是通过增加爬电距离、延伸放电路径弥补部分停电作业中安全距离不足的措施。当电压等级大于35kV时，现有绝缘材料的绝缘性能比空气间隙低，因此绝缘隔板和绝缘罩只允许在35kV及以下电压等级的电气设备上使用。同时应保持足够的绝缘和机械强度，否则在使用中易发生断裂，失去绝缘隔离保护作用。

在10kV和35（20）kV设备停电检修时，特别是开关柜内设备检修，由于隔离开关（刀闸）电气间隙比较小，检修工作中可能触及隔离开关（刀闸）的机构，导致隔离开关（刀闸）误动作而使检修部分带电，因此，在隔离开关（刀闸）空气间隙中放置绝缘隔板或绝缘罩以防止检修设备带电。不同电压等级的带电设备应选用相应规格的绝缘隔板，10kV电压等级时绝缘隔板的厚度不应小于3mm，35（20）kV电压等级时不应小于4mm，以保证拥有足够的工频耐压水平。

绝缘隔板有可能直接接触到带电部分，为防止安放和拆除绝缘隔板时泄漏

电流伤人，带电安放或拆除绝缘隔板、绝缘罩时应戴绝缘手套，使用绝缘操作杆。为防止绝缘隔板脱落，必要时可用绝缘绳索将其固定。

9. **禁止使用金属部分变形和绳（带）损伤的脚扣和登高板。**

【解读】 为防止作业人员在登杆过程中，因登杆工具缺陷而坠落受伤，应该在登杆前检查所使用的登杆工具。检查内容包括试验合格证、工器具受力部位、易磨损部位等的磨损情况，如登高板的绳、板、钩磨损情况，脚扣的防滑橡皮磨损情况，金属组件是否存在裂纹和损伤。作业人员若发现脚扣踏板、扣体、顶扣有变形开裂，或者防滑橡皮磨损老化，或者扣带磨损霉变严重的情况，应禁止继续使用；作业人员若发现登高板踏板有霉变、裂纹、磨损严重，或者金属挂钩、心形环有变形开裂，或者绳索有散股、霉变、磨损严重的情况，应禁止继续使用。使用登杆工具，还应注意以下几方面：

（1）使用脚扣和登高板需要作业人员有较强的技术性，没有登杆经验、未熟练掌握攀登方法者，不能使用脚扣和登高板。

（2）作业人员在使用脚扣、登高板前，应先进行人体冲击试登，以确认其强度满足要求。

（3）为防止损坏，脚扣、登高板不得从高处往下摔扔。

（4）应按试验周期进行对脚扣、登高板进行强度试验。

10. **特殊天气使用脚扣和登高板，应采取防滑措施。**

【解读】 杆塔积雪、覆冰或其他特殊天气下，杆塔比较湿滑，作业人员在使用脚扣、登高板时，容易在上、下杆塔过程中滑落摔伤，因此，作业人员应通过安装防滑垫、穿有防滑功能的软底鞋、使用双重防坠保护等措施增加安全性。攀登钢筋混凝土杆应使用登高板，作业人员上、下杆塔还应及时清除冰、雪。

第四节　安全工器具保管和试验

1. 安全工器具保管

（1）安全工器具宜存放在温度为－15～＋35℃、相对湿度为80％以下、干燥通风的安全工器具室内。

【解读】为达到安全工器具的特殊应用标准，安全工器具室应具备控温、控湿功能（温控柜、空调、排风扇抽湿机等），并保持干燥、通风。

安全工器具中有橡胶制品（绝缘手套和绝缘靴）和环氧树脂类工器具，为防止温度过高时橡胶制品出现乳化现象、温度过低时橡胶制品出现脆化现象，按规定应确保安全工器具的存放环境维持－15～＋35℃的温度范围。此外，安全工器具表面有细小的不平整，湿度过大的情况下，安全器具表面容易结露，导致表面泄漏电流过大，因此，按规定应确保安全工器具的存放环境维持80%以下的相对湿度，并在干燥通风的条件下保管，以防安全器具变形、受潮、霉变。

（2）**安全工器具运输或存放过程中，不得与酸、碱、油类和化学药品接触，并有防损伤和防绝缘性能破坏的措施。**

【解读】为防止安全工器具损伤和绝缘性能降低，在运输或存放（包括汽车、火车托运等）过程中，应将安全工器具置于专用箱子内，并对箱内的每件工具加以固定，包装箱上还应有明显的“防潮、轻放”标志。

为防止绝缘安全工器具腐蚀、变形，防止机械性能和绝缘性能降低，运输或存放过程中，严禁安全工器具与酸、碱和化学药品接触。安全工器具沾上油脂、接触灰尘后很难清除，并在安全工器具表面出现沿面闪络，因此，安全工器具储存与运输中应该避免接触这类物品。

（3）**成套接地线宜存放在专用架上，架上的编号与接地线的编号应一致。**

【解读】作业人员误拆、漏拆和违章使用接地线等，容易引发带接地线送电恶性误操作事故。为加强接地线管理，应对每组接地线和固定专用架进行规范编号，并将成套接地线放在对应编号的固定专用架上，成套接地线编号应与存放架编号保持一致，便于检查和核实，清晰掌握接地线的使用和存放情况，防止作业人员漏拆接地线。需要注意，同一存放处的接地线编号不得重复。

（4）**绝缘隔板和绝缘罩应存放在室内干燥、离地面200mm以上的架上或专用的柜内。使用前应擦净灰尘。若表面有轻度擦伤，应涂绝缘漆处理。**

【解读】绝缘隔板和绝缘罩是为防止作业人员与带电体发生直接碰触的基本绝缘安全工器具，具有绝缘遮蔽、绝缘隔离的功能。为避免绝缘安全工器具受潮、变形等影响其绝缘性能，应在离地面200mm以上的专用架上或柜内存

放绝缘安全工器具，并保持环境干燥。

为防止绝缘安全工器具因为受潮表面结露而产生沿面闪络，应确保存放环境与地面保持足够的距离。为防止表面积尘影响绝缘性能，作业人员应在使用绝缘隔板和绝缘罩前擦净灰尘。如果不能及时处理绝缘隔板和绝缘罩属表面的轻度擦伤，损伤处将会积存导电介质，导致绝缘性能降低，故应及时涂绝缘漆进行处理。

2. 安全工器具应进行国家规定的型式试验、出厂试验和使用中的周期性试验，应试验的安全工器具如下：

（1）规程要求试验的安全工器具。

（2）新购置和自制的安全工器具。

（3）检修后或关键零部件已更换的安全工器具。

（4）对机械、绝缘性能产生疑问或发现缺陷的工器具。

（5）出了问题的同批次安全工器具。

【解读】为验证产品能否满足技术规范的全部要求，由具有法定检测资质的第三方机构进行型式试验；为检验产品的质量是否达到技术规范要求，由生产厂家进行出厂试验；为检验安全工器具在现场使用后的安全性能，以及实际保管条件下是否符合规范要求，对使用中的安全工器具进行周期试验。

不合格的安全工器具会对作业人员造成伤害，为防止在使用过程中出现这种状况，应对照附录Ⅰ中所要求的安全工器具的种类、规格和标准制定相应的检验制度，并按规定开展周期试验。

对于新购置和自制的安全工器具，或经过检修的、关键零部位经过更换的安全工器具，必须由具有资质的检测鉴定机构按照相关规范要求进行试验鉴定，保证安全工器具达到安全系数、稳定系数、制动安全系数的合格标准后，方可使用。否则在安全性能无法保证的情况下贸然使用安全工器具，可能造成人员伤害或机具损坏。

若作业人员对安全工器具的机械、绝缘性能有任何疑问或发现有任何缺陷，应对该存在问题的安全工器具以及同批次的安全工器具统一进行及时检验，以确认其合格程度，避免作业人员因使用不合格的安全工器具而置于人身危险。

3. 安全工器具经试验合格后，应在不妨碍绝缘性能且醒目的部位牢固粘贴合格证或可追溯的唯一标识，并出具检测报告。

【解读】对于试验合格的安全工器具，应确保将合格证粘贴在工器具醒目的位置处，并确保粘贴牢固、不易脱落，同时不影响绝缘性能。这样既方便作业人员和安全工器具的管理人员及时了解工器具的试验情况，又可避免作业人员将不合格、到期未试验的安全工器具带入工作现场违规使用。合格证到期，应及时清理、注销。经试验合格的安全工器具应有检测报告。

4. 安全工器具的电气试验和机械试验可由使用单位根据试验标准和周期进行，也可委托有资质的机构试验。

【解读】应严格按照附录Ⅰ规定的试验项目、标准和周期开展安全工器具的电气试验与机械试验。为保证安全工器具试验的安全性和有效性符合规定标准，负责试验的检验机构必须具有相应的检验资质。如果遇到使用单位不具备试验资质和条件的情况，可考虑将试验委托给具有合格资质的检验机构。

5. 安全工器具试验项目、周期和要求见附录Ⅰ。

【解读】安全工器具试验项目、周期和要求必须按照《电力安全工器具预防性试验规程（试行）》（国电发〔2012〕777号）的相关内容执行，严禁超周期使用安全工器具。

第九章　营销服务场所消防安全管理安全

第一节　一般安全要求

1. 对营业厅、计量库房、充换电站等营销服务场所，应建立岗位防火责任制，配齐消防措施，设置相应防火标志，落实专人负责管理，并按规定开展消防设施安全检查、火灾隐患整改以及消防应急预案编制、演练等工作。

【解读】根据《中华人民共和国消防法》第十六条和DL 5027《电力设备典型消防规程》4.2.3条有关规定，营业厅、计量库房、充换电站等营销专业消防安全重点部位，应建立岗位防火责任制，专人负责营销服务场所消防设施、灭火器材和消防安全标志维护保养，确保其完好有效，确保疏散通道和安全出口畅通。营销服务场所消防重点防火区域需配置火灾自动报警系统和固定灭火系统。营销服务场所应设置明显的防火标志，并在出入口位置悬挂防火警示标识牌，其内容包括消防安全重点部位的名称、消防管理措施、灭火和应急疏散方案及防火责任人。

2. 在电网设备生产场所、客户设备场所进行动火工作时，应实行严格的消防安全管理。禁止在具有火灾、爆炸危险的场所使用明火；因特殊情况需要进行电、气焊等明火作业的，应严格按照《电力安全工作规程》有关规定执行。可以采用不动火的方法替代而能够达到同样效果时，宜采用替代方法处理。

【解读】本手册所指动火作业，指的是能够直接或间接产生明火的作业，包括熔化焊接、切割、喷枪、喷灯、钻孔、打磨、锤击、破碎、切削等，应当实行严格的消防安全管理，预备必要的消防器材（如砂箱、灭火器、消防栓、水桶等）。严禁在具有火灾、爆炸危险的场所进行动火作业。

可以采用不动火的方法替代而能够达到同样效果时，应当采用替代方法处理。如可采取机械封堵等方法减少动火，降低安全风险。

3. 应当建立健全营销服务场所消防档案，内容包括：消防安全责任人、消防安全制度、消防设施与灭火器材情况、灭火和应急疏散预案等，根据情况变化及时更新。

【解读】根据《机关、团体、企业、事业单位消防安全管理规定》和 DL5027—2015《电力设备典型消防规程》4.1.2 规定，应建立健全消防档案管理制度，档案应当包括消防安全基本情况及消防安全管理情况，并翔实、全面地反映单位消防工作的基本情况，并附有必要的图表，根据情况变化及时更新。

4. 充换电站、计量库房、试验室、营业厅等处不得存放易燃、易爆物品，因施工需要放在设备区的易燃、易爆物品，应加强管理，并按规定要求使用，施工后立即运走。

【解读】易燃易爆物品应存放在特种材料库房，设置“严禁烟火”标志，并有专人负责管理；不得在充换电站、计量库房、试验室、营业厅等各类营销服务场所存放易燃、易爆物品，如因施工需临时存放易燃易爆物品，应独立放置，保持足够的安全距离，并在附近设置灭火器、沙池等防火措施，并由专人看管，设置“严禁烟火”标志，施工后立即运走，严防火灾事故发生。

5. 营销服务场所应根据消防法规的有关规定，组织或配合开展消防业务学习和灭火技能训练，提高预防和扑救火灾的能力。

【解读】根据 Q/GDW 11886《国家电网有限公司消防安全监督检查工作规范》5.6 节有关要求，单位应将消防培训纳入年度培训计划，依据人员岗位职责，定期或不定期开展形式多样的消防安全宣传教育，让营销服务场所工作人员了解有关消防法规、消防安全制度和保障消防安全的操作规程，掌握本单位、本岗位的火灾危险源和防火措施，熟悉本单位消防设施的性能、灭火器材的使用方法，会报火警、学会扑救初起火灾以及自救逃生的知识和技能。

6. 在供用电合同中应明确供用电双方应承担的消防安全责任。

【解读】为避免供电设施消防纠纷，应结合客户用电实际，在供用电合同中明确供用电双方应承担的消防安全责任。

7. 对营业厅应根据实际情况，每年开展不少于一次的消防安全培训，每年

开展一至二次消防应急处置演练活动。

第二节　消防设施、器材配置与使用

1. 营销服务场所应依据有关规定和技术标准配置必要的消防设施、器材，并按照“谁使用，谁负责”的原则加强管理。

【解读】营销服务场所应按照 GB 50140《建筑灭火器配置设计规范》、GB 50219《水喷雾灭火系统技术规范》等国家标准或地区、公司有关要求进行选型、配置相关消防设施、器材，并按照“谁使用，谁负责”的原则加强管理，以便及时扑救火灾，防止火灾事故扩大，减少损失。

2. 营销服务场所应根据情况，应选配用于扑灭有机溶剂等易燃液体、可燃气体和电气设备初期火灾的干粉灭火器或用于扑救电气设备、仪器仪表以及油类等初期火灾的水基型灭火器。

【解读】依据 GB 50140《建筑灭火器配置设计规范》，营销服务场所应根据场所内的物质及其燃烧特性进行灭火器材选配工作。

3. 营销服务场所应装设火灾自动报警装置或固定灭火装置。

【解读】按国家有关规定及技术标准，火灾自动报警系统应接入本单位或上级 24h（小时）有人值守的消防监控场所，并有声光警示功能，符合下列要求：

（1）应具备防强磁场干扰措施，在户外安装的设备应有防雷、防水、防腐蚀措施。

（2）火灾自动报警系统的专用导线或电缆应采用阻燃型屏蔽电缆。

（3）火灾自动报警系统的传输线路应采用穿金属管、经阻燃处理的硬质塑料管或封闭式线槽保护方式布线。

（4）消防联动控制、通信和报警线路采用暗敷设时宜采用金属管或经阻燃处理的硬质塑料管保护，并应敷设在不燃烧体的结构层内且保护层厚度不宜小于 30mm；当采用明敷设时，应采用金属管或金属线槽保护，并应在金属管或金属线槽上采取防火保护措施。采用经阻燃处理的电缆可不穿金属管保护，但应敷设在有防火保护措施的封闭线槽内。

(5) 消防设施、器材应选用符合国家标准或行业标准并经强制性产品认证合格的产品。使用尚未制定国家标准、行业标准的消防产品，应当选用经技术鉴定合格的消防产品。

4. 消防设施、器材应放置在便于取用的位置并有明显标识。

【解读】营销服务场所应按照 GB 50140《建筑灭火器配置设计规范》、GB 50219《水喷雾灭火系统技术规范》等国家标准或地区、公司有关要求进行选型、配置消防设施、器材，并具备醒目标识，便于及时取用。

5. 消防设施、器材应建立台账，定期检查，记入相关记录。

【解读】根据 GB 25201《建筑消防设施的维护管理》和《国家电网有限公司消防安全监督管理办法》等有关要求，需定期检查营销服务场所的消防设施、器材配置是否合规、充足且完备，检查各类消防器材、消防设施的完好情况，相关参数设置是否正确并满足设计要求，确保始终保持备用状态，一旦发生火灾能自动投入使用，并按照 GB 25201 附录 C《（规范性附录）建筑消防设施巡查记录表》中有关规范进行记录。

6. 营销服务场所应保障疏散通道、安全出口畅通，并设置消防安全疏散指示标志和应急照明设施，不得有下列行为：占用疏散通道；在安全出口或者疏散通道上安装栅栏等影响紧急疏散的障碍物；安全出口如需上锁，应使用内开式推插锁，严禁将灭火器材箱、安全疏散指示标志遮挡、覆盖；其他影响安全疏散的行为。

【解读】营销服务场所应严格按照《国网营销部关于进一步强化供电营业厅消防安全管理的通知》等有关规程、规定要求，保障疏散通道、安全出口畅通，并设置消防安全疏散指示标志和应急照明设施，同时对影响安全疏散的行为，造成疏散通道障碍的情况予以禁止。

第三节　消防安全检查与火灾隐患整改

1. 应结合每年春、秋季安全大检查，对营销服务场所进行消防安全检查，

必要时应根据情况进行消防专项检查。消防检查内容应当包括：

（1）火灾隐患的整改情况以及防范措施的落实情况。

（2）安全疏散通道、疏散指示标志、应急照明和安全出口情况。

（3）灭火器材配置及有效情况。

（4）用火、用电违章情况，如计量箱、充换电设施周围堆放杂物等。

（5）消防安全重点部位的管理情况。

（6）消防安全标志的设置、完好情况及烟感报警系统的运行情况。

【解读】应结合春、秋季安全大检查，强化消防安全隐患排查，将消防安全检查纳入营销服务场所日常巡检内容，重点检查消防设备完备情况以及监控死角、火灾易发区安全隐患情况等，同时加强火灾隐患的治理。

2. 应及时消除营销服务场所存在的火灾隐患，对下列违反消防安全规定的情况，应责成有关人员立即整改。

（1）违章进入生产、储存易燃易爆危险物品场所的情况。

（2）违章使用明火作业或者在具有火灾、爆炸危险的场所吸烟、使用明火等违反禁令的情况。

（3）将安全出口上锁、遮挡或者占用、堆放物品影响疏散通道畅通的情况。

（4）消防栓、灭火器材被遮挡影响使用或者被挪作他用的情况。

（5）常闭式防火门处于开启状态，防火卷帘下堆放物品的情况。

（6）违章关闭消防设施、切断消防电源的情况。

【解读】营销服务场所应进行每日防火巡查，并确定巡查的人员、内容、部位和频次，明确防火巡查应包括的内容。巡查发现营销服务场所存在的火灾隐患，应及时消除，对违反消防安全规定的行为应立即纠正。

3. 对不能立即消除的火灾隐患，各级营销部门应及时将存在的火灾隐患向本单位报告，提出整改方案，确定整改措施、期限以及责任部门。

【解读】根据 Q/GDW 11886《国家电网有限公司消防安全监督检查工作规范》及有关规定要求，对不能当场改正的火灾隐患，应确定整改措施、期限、人员、资金予以整改。在火灾隐患未消除之前，应落实防范措施，保障消防安全；不能确保消防安全的，应将危险部位停产停业整改。

4. 各级营销管理部门针对无法消除的营销服务场所重大火灾隐患，应提出解决方案并及时向上级主管部门或当地政府报告。

【解读】根据Q/GDW 11886《国家电网有限公司消防安全监督检查工作规范》及有关规定要求，对于涉及城市规划布局而不能自身解决的重大火灾隐患，以及单位确无能力解决的重大火灾隐患，应当采取临时安全措施、提出解决方案并及时向其上级单位或者当地人民政府报告。

5. 对公安消防机构责令限期整改的营销服务场所火灾隐患，各级营销部门应在规定的期限内整改。

【解读】根据Q/GDW 11886《国家电网有限公司消防安全监督检查工作规范》及有关规定要求，对消防管理机构责令限期改正的火灾隐患，单位应当在规定的期限内改正并写出火灾隐患整改复函，报送消防管理机构。

6. 火灾隐患整改完毕，负责整改的部门或者人员应当将整改情况记录报送本单位分管领导。

【解读】从监督角度定期向消防安全管理人报告消防安全情况，使其全面了解本单位消防安全状况，还要及时报告涉及消防安全的重大问题，能够调动资源较快地解决存在的问题。同时，应形成整改情况记录，报送本单位分管领导。

第四节　消防应急预案与火灾处置

1. 营销服务场所应制订灭火和应急疏散预案，预案应当包括职责分工，报警和接警、应急疏散、扑救初起火灾、通信联络、安全防护救护的程序和措施。

【解读】根据《机关、团体、企业、事业单位消防安全管理规定》第三十九条和《生产经营单位生产安全事故应急预案编制导则》的要求，营销服务场所应制订切合本单位实际及符合有关规范要求的灭火和应急疏散预案。

2. 营销服务场所应按照灭火和应急疏散预案，定期组织消防演练，并根据演练对预案进行评估，不断完善。

【解读】《机关、团体、企业、事业单位消防安全管理规定》第四十条规定，各营销服务场所应根据自身情况开展演练，根据演练对预案进行评估，不断完善灭火和应急疏散预案，提高营销服务场所工作人员处理火灾事件的能力。

3. 营销服务场所发生火灾时，应立即、准确向“119”报警，报警时要报出本单位的名称、所在位置，要讲清着火的部位、燃烧物名称、火势的大小和范围，注意对方提问，告诉对方自己的联系方式，派人到路口迎接消防车。

【解读】营销服务场所发生火灾时，首先应立即疏散人员并报警。

4. 报警后，应尽快向单位领导及事故应急处理小组报告火情，并请求应采取措施。同时，要立即通知火场周围人员撤离，疏散人员，阻止无关人员随意进入火灾现场并利用现有灭火器材组织人员扑救。

【解读】在火灾扑救遵循“发现起火立即报警，救人第一，先控制后灭火，先重点后一般”的基本原则。

5. 突发火灾事故时，应立即根据消防应急预案正确采取紧急隔、停措施，避免因着火而引发的连带事故，缩小事故影响范围。

6. 参加灭火的人员在灭火时应防止燃烧物发生爆炸及防止被火烧伤或被燃烧物所产生的气体引起中毒、窒息。

7. 对电气设备灭火时，仅准许在熟悉该设备带电部分人员的指挥或带领下进行灭火，电气设备未断电前，禁止人员灭火。

8. 当火势可能蔓延到其他设备时，应果断采取适当的隔离措施。

9. 灭火时应将无关人员紧急撤离现场，防止发生人员伤亡。

10. 充换电站电池发生燃烧等异常情况时，操作人员应立即佩戴好防护用品，将灭火毯覆盖在着火电池箱上，防止火势蔓延。

11. 营销服务场所发生火灾后，事故单位应立即上报上级部门，不得迟报、漏报、谎报或者瞒报。

【解读】依据《国家电网公司安全事故调查规程》要求对营销服务场所发生的火灾应及时逐级上报事故信息。对于迟报、漏报、谎报、瞒报的认定如下：

（1）迟报。报告事故的时间超过规定时限的。

（2）漏报。因过失对应当上报的事故或者事故发生的时间、地点、类别、伤亡人数、直接经济损失等内容遗漏未报的。

(3) 谎报。故意不如实报告事故发生的时间、地点、初步原因、性质、伤亡人数和涉险人数、直接经济损失的有关内容的。

(4) 瞒报。隐瞒已经发生的事故，超过规定时限未向安全监管监察部门和有关部门报告，经查证属实的。

12. 营销服务场所火灾扑灭后，事故单位应保护现场并配合有关部门做好对伤亡人员家属的安抚工作，对肇事者等有关人员采取监控措施，防止逃逸。

13. 营销服务场所火灾扑灭后，应协助消防机构开展火灾事故调查，分析火灾事故原因，制订预防措施，核定火灾损失，未经公安消防机构同意，不得擅自清理火灾现场。

【解读】《中华人民共和国消防法》第五十一条规定：火灾扑灭后，发生火灾的单位和相关人员应当按照消防救援机构的要求保护现场，接受事故调查，如实提供与火灾有关的情况。消防救援机构根据火灾现场勘验、调查情况和有关的检验、鉴定意见，及时制作火灾事故认定书，作为处理火灾事故的证据。

并依据《机关、团体、企业、事业单位消防安全管理规定》第二十四条规定：火灾扑灭后，起火单位应当保护现场，接受事故调查，如实提供火灾事故的情况，协助公安消防机构调查火灾原因，核定火灾损失，查明火灾事故责任。未经公安消防机构同意，不得擅自清理火灾现场。

附录 A （资料性附录）现场勘察记录格式

现 场 勘 察 记 录

勘察单位：________________ 部门（或班组）：________________ 编号____________

勘察负责人________；勘察人员：____

勘察的线路名称或设备双重名称（多回应注明双重称号及方位）：

____

工作任务［工作地点（地段）和工作内容］：____

____

现场勘察内容：

1. 工作地点需要停电的范围
2. 保留的带电部位
3. 作业现场的条件、环境及其他危险点［应注明：交叉、邻近（同杆塔、并行）电力线路；多电源、自发电情况；地下管网沟道及其他影响施工作业的设施情况］
4. 应采取的安全措施（应注明：接地线、绝缘隔板、遮栏、围栏、标识牌等装设位置）
5. 附图与说明

记录人：________ 勘察日期：________年____月____日____时

附录 B （资料性附录）变电第一种工作票格式

变电第一种工作票

单位________________ 编号____________

1. 工作负责人（监护人）________ 班组____________
2. 工作班人员（不包括工作负责人）____共______人。
3. 工作的变、配电站名称

____

4. 工作任务

工作地点及设备双重名称	工作内容

5. 计划工作时间：自________年____月____日____时____分

至________年____月____日____时____分

6. 安全措施（必要时可附页绘图说明）

应拉断路器（开关）、隔离开关（刀闸）	已执行*
应装接地线、应合接地刀闸（注明确实地点、名称及接地线编号*）	已执行

续表

应设遮栏、应挂标识牌及防止二次回路误碰等措施	已执行

*已执行栏目及接地线编号由工作许可人填写。

工作地点保留带电部分或注意事项（由工作票签发人填写）	补充工作地点保留带电部分和安全措施（由工作许可人填写）

工作票签发人签名________　　签发日期：________年____月____日____时____分

7. 收到工作票时间________年____月____日____时____分

　运维人员签名________　　工作负责人签名________

8. 确认本工作票1～7项

　工作负责人签名________　　工作许可人签名________

　许可开始工作时间：________年____月____日____时____分

9. 确认工作负责人布置的工作任务和安全措施

　工作班组人员签名：

____

____

10. 工作负责人变动情况

　原工作负责人________离去，变更________为工作负责人

　工作票签发人________　________年____月____日____时____分

11. 工作人员变动情况（变动人员姓名、日期及时间）：

____

____

　工作负责人签名________

12. 工作票延期

　有效期延长到________年____月____日____时____分

　工作负责人签名________　________年____月____日____时____分

　工作许可人签名________　________年____月____日____时____分

13. 每日开工和收工时间（使用一天的工作票不必填写）

收工时间				工作负责人	工作许可人	开工时间				工作许可人	工作负责人
月	日	时	分			月	日	时	分		

14. 工作终结

全部工作于________年___月____日____时____分结束，设备及安全措施已恢复至开工前状态，工作人员已全部撤离，材料工具已清理完毕，工作已终结。

工作负责人签名________　工作许可人签名________

15. 工作票终结

临时遮栏、标识牌已拆除，常设遮栏已恢复。未拆除或未拉开的接地线编号______等共____组、接地刀闸（小车）共__副（台），已汇报调度值班员。

工作许可人签名________　________年___月____日____时____分

16. 备注

(1) 指定专责监护人________负责监护__________________（地点及具体工作）

(2) 其他事项：____

附录C （资料性附录）变电第二种工作票格式

变电第二种工作票

单位________________　　编号____________

1. 工作负责人（监护人）________　　班组____________

2. 工作班人员（不包括工作负责人）

____等共______人。

3. 工作的变、配电站名称及设备双重名称

____

4. 工作任务

工作地点或地段	工作内容

5. 计划工作时间

自________年____月____日____时____分

至________年____月____日____时____分

6. 工作条件（停电或不停电，或邻近及保留带电设备名称）

____

7. 注意事项（安全措施）

____

____

工作票签发人签名________签发日期________年____月____日____时____分

8. 补充安全措施（工作许可人填写）

____

9. 确认本工作票1～8项

工作负责人签名________　　工作许可人签名______________

许可工作时间：______年____月____日____时____分

10. 确认工作负责人布置的工作任务和安全措施

工作班人员签名：

____

____

11. 工作票延期

有效期延长到________年____月____日____时____分

工作负责人签名________　________年____月____日____时____分

工作许可人签名________　________年____月____日____时____分

12. 工作票终结

全部工作于________年____月____日____时____分结束，工作人员已全部撤离，材料工具已清理

完毕。

工作负责人签名________　________年____月____日____时____分

工作许可人签名________　________年____月____日____时____分

13. 备注

____

附录 D （资料性附录）配电第一种工作票格式

配电第一种工作票

单位＿＿＿＿＿＿＿＿　　　　编号＿＿＿＿＿＿

1. 工作负责人＿＿＿＿＿　　　　班组＿＿＿＿＿＿

2. 工作班成员（不包括工作负责人）＿＿＿共＿＿＿人。

3. 工作任务

工作地点或设备双重名称	工作内容

4. 计划工作时间：自＿＿＿＿年＿＿月＿＿日＿＿时＿＿分
　　　　　　　　至＿＿＿＿年＿＿月＿＿日＿＿时＿＿分

5. 安全措施（必要时可附页绘图说明）

5.1 调控或运维人员应采取的安全措施	已执行
5.2 工作班完成的安全措施	已执行

5.3 工作班装设（或拆除）的接地线			
线路名称或设备双重名称和装设位置	接地线编号	装设时间	拆除时间

5.4　配合停电线路应采取的安全措施	已执行

5.5 保留或邻近的带电线路、设备

____

____

5.6 其他安全措施和注意事项

____

____

工作票签发人签名________　________年____月____日____时____分

工作负责人签名________　________年____月____日____时____分

5.7 其他安全措施和注意事项补充（由工作负责人或工作许可人填写）

____

____

6. 工作许可

许可单位	许可的线路或设备	许可方式	工作许可人签名	工作负责人签名	许可工作的时间
供电公司					年　月　日　时　分
客户					年　月　日　时　分
					年　月　日　时　分
					年　月　日　时　分

7. 工作任务单登记

工作任务单编号	工作任务	小组负责人	工作许可时间	工作结束报告时间

8. 现场交底，工作班成员确认工作负责人布置的工作任务、人员分工、安全措施和注意事项并签名：

____

____

9. 人员变更

9.1 工作负责人变动情况：原工作负责人________离去，变更________为工作负责人。

工作票签发人签名________　________年____月____日____时____分

原工作负责人签名确认________新工作负责人签名确认________

________年____月____日____时____分

9.2 工作人员变动情况

新增人员	姓名				
	变更时间				
离开人员	姓名				
	变更时间				

工作负责人签名________

10. 工作票延期：有效期延长到________年____月____日____时____分
工作负责人签名________ ________年____月____日____时____分
工作许可人签名________ ________年____月____日____时____分
工作许可人（客户）签名________ ________年____月____日____时____分

11. 每日开工和收工记录（使用一天的工作票不必填写）

收工时间	工作负责人	工作许可人	开工时间	工作许可人	工作负责人

12. 工作终结

12.1 工作班现场所装设接地线共______组、个人保安线共______组已全部拆除，工作班人员已全部撤离现场，材料工具已清理完毕，杆塔、设备上已无遗留物。

12.2 工作终结报告

许可单位	终结的线路或设备	报告方式	工作负责人签名	工作许可人签名	终结报告时间
供电公司					年 月 日 时 分
客户					年 月 日 时 分

13. 备注

13.1 指定专责监护人________负责监护____
____（地点及具体工作）

13.2 其他事项
____

附录 E （资料性附录）配电第二种工作票格式

配电第二种工作票

单位________________ 编号____________

1. 工作负责人________ 班组____________

2. 工作班成员（不包括工作负责人）______________________________

______________________________共______人。

3. 工作任务

工作地点或设备双重名称	工作内容

4. 计划工作时间：自________年____月____日____时____分

至________年____月____日____时____分

5. 工作条件和安全措施（必要时可附页绘图说明）

____

____

工作票签发人签名__________ ________年____月____日____时____分

工作负责人签名__________ ________年____月____日____时____分

6. 现场补充的安全措施

____

____

____

7. 工作许可

许可单位	许可的线路、设备	许可方式	工作许可人签名	工作负责人签名	许可工作（或开工）时间
供电公司					年 月 日 时 分
客　户					年 月 日 时 分

8. 现场交底，工作班成员确认工作负责人布置的工作任务、人员分工、安全措施和注意事项并签名：

____

工作开始时间________年____月____日____时____分 工作负责人签名________

9. 工作票延期：有效期延长到________年____月____日____时____分。

工作负责人签名________ ________年____月____日____时____分

工作许可人签名________ ________年____月____日____时____分

工作许可人（客户）签名____________年____月____日____时____分

10. 工作完工时间________年____月____日____时____分　　工作负责人签名________

11. 工作终结

11.1 工作班人员已全部撤离现场，材料工具已清理完毕，杆塔、设备上已无遗留物。

11.2 工作终结报告

许可单位	终结的线路或设备	报告方式	工作负责人签名	工作许可人签名	终结报告（或结束）时间
供电公司					年　月　日　时　分
客　户					年　月　日　时　分

12. 备注

12.1 指定专责监护人________负责监护____

____（地点及具体工作）

12.2 其他事项

____

____

附录F （资料性附录）低压工作票格式

低 压 工 作 票

单位________ 编号________

1. 工作负责人________ 班组________

2. 工作班成员（不包括工作负责人）________

________共____人。

3. 工作的线路名称或设备双重名称（多回路应注明双重称号及方位）、工作任务

____

____

4. 计划工作时间：自____年__月__日__时__分至____年__月__日__时__分

5. 安全措施（必要时可附页绘图说明）

5.1 工作的条件和应采取的安全措施（停电、接地、隔离和装设的安全遮栏、围栏、标识牌等）

____

____

5.2 保留的带电部位

____

____

5.3 其他安全措施和注意事项

____

____

工作票签发人签名____ ____年__月__日__时__分

工作负责人签名____ ____年__月__日__时__分

6. 工作许可

6.1 现场补充的安全措施

____

6.2 确认本工作票安全措施正确完备，许可工作开始

许可方式____许可工作时间____年__月__日__时__分

工作许可人签名____ 工作负责人签名____

7. 现场交底，工作班成员确认工作负责人布置的工作任务、人员分工、安全措施和注意事项并签名：

____

____

8. 工作票终结

工作班现场所装设接地线共__组、个人保安线共__组已全部拆除，工作班人员已全部撤离现场，工具、材料已清理完毕，杆塔、设备上已无遗留物。

工作负责人签名____ 工作许可人签名____

工作终结时间____年__月__日__时__分

9. 备注：

____

____

附录 G （资料性附录）现场作业工作卡格式

现场作业工作卡

单位：　　　　　　　　　　　　　　　　编号：

<table>
<tr><td colspan="2">工作负责人：</td><td colspan="6">班组：</td></tr>
<tr><td colspan="8">工作班成员：　　　　　　　　　　　　共　　人</td></tr>
<tr><td colspan="3">计划工作时间</td><td colspan="5">自___年___月___日___时___分至___年___月___日___时___分</td></tr>
<tr><td>客户名称</td><td colspan="3">工作地点</td><td colspan="2">工作指派人</td><td>派工时间</td><td>现场作业类型</td></tr>
<tr><td></td><td colspan="3"></td><td colspan="2"></td><td></td><td></td></tr>
<tr><td></td><td colspan="3"></td><td colspan="2"></td><td></td><td></td></tr>
<tr><td></td><td colspan="3"></td><td colspan="2"></td><td></td><td></td></tr>
<tr><td>序号</td><td colspan="4">工作现场风险点分析</td><td colspan="2">注意事项及安全措施</td><td>逐项落实并打“√”</td></tr>
<tr><td>1</td><td colspan="4"></td><td colspan="2"></td><td></td></tr>
<tr><td>2</td><td colspan="4"></td><td colspan="2"></td><td></td></tr>
<tr><td>3</td><td colspan="4"></td><td colspan="2"></td><td></td></tr>
<tr><td>4</td><td colspan="4"></td><td colspan="2"></td><td></td></tr>
<tr><td>5</td><td colspan="4"></td><td colspan="2"></td><td></td></tr>
<tr><td colspan="2">工作负责人签名</td><td colspan="6"></td></tr>
</table>

续表

工作许可人签名（供电公司）		
工作许可人签名（客户）		
工作任务和现场安全措施已确认，工作班成员签名		
开工时间：___年___月___日___时___分		
工作终结	工作负责人签名：	工作许可人签名：
收工时间：___年___月___日___时___分		

注：

1. 现场作业工作卡应按以下程序执行：工作负责人办票→工作派发人签字→履行现场安全措施→工作人员现场检查安全措施→工作许可（含客户许可）→开工→工作结束→存档备案。
2. 一张现场作业工作卡宜执行同一类营销现场工作，工作负责人可根据增加不同工作地点。
3. 本附录属通用模板，仅供参考，需要现场作业人员结合现场实际认真分析、列出现场实际存在的风险点，并对照填写注意事项及安全措施。

附录 H （资料性附录）配电工作任务单格式

配电工作任务单

单位：____________ 工作票编号：____________ 编号：__________

1. 工作负责人姓名：________

2. 小组负责人姓名：________ 小组名称：__________

小组人员（不含小组负责人）：____

____共____人

3. 工作任务：

工作地点或地段（注明线路名称或设备双重名称、起止杆号）	工作内容及人员分工	专职监护人

4. 计划工作时间：自________年____月____日____时____分至________年____月____日____时____分。

5. 工作地段采取的安全措施

5.1 应装设的接地线

应装设的接地线的位置						

5.2 应装设的安全标示、遮栏（围栏）等

____

____

6. 其他危险点预控措施和注意事项（必要时可附页绘图说明）

____

____

工作任务单签发人签名：________ ________年____月____日____时____分

小组负责人签名：________ ________年____月____日____时____分

7. 工作班成员确认工作负责人布置的工作任务、人员分工、安全措施和注意事项并签名

____

____

工作许可时间：________年____月____日____时____分____工作负责人签名：________

小组负责人签名：________

8. 工作任务单结束

8.1 小组工作于________年____月____日____时____分结束，现场临时安全措施已拆除，材料、工具已清理完毕，小组人员已全部撤离。

8.2 小组工作结束报告

线路或设备	报告方式	工作负责人	小组负责人签名	工作结束报告时间
				年 月 日 时 分

9. 备注：____

附录I （规范性附录）安全工器具试验项目、周期和要求

安全工器具试验项目、周期和要求

<table>
<tr><th>序号</th><th>器具</th><th>项目</th><th>周期</th><th colspan="4">要求</th><th>说明</th></tr>
<tr><td rowspan="5">1</td><td rowspan="5">电容型验电器</td><td>A. 启动电压试验</td><td>1年</td><td colspan="4">启动电压值不高于额定电压的40%，不低于额定电压的15%</td><td>试验时接触电极应与试验电极相接触</td></tr>
<tr><td rowspan="4">B. 工频耐压试验</td><td rowspan="4">1年</td><td rowspan="2">额定电压（kV）</td><td rowspan="2">试验长度（m）</td><td colspan="2">工频耐压（kV）</td><td rowspan="4"></td></tr>
<tr><td>1min</td><td>5min</td></tr>
<tr><td>10</td><td>0.7</td><td>45</td><td>—</td></tr>
<tr><td>35</td><td>0.9</td><td>95</td><td>—</td></tr>
<tr><td rowspan="5">2</td><td rowspan="5">成套接地线</td><td>A. 成组直流电阻试验</td><td>不超过5年</td><td colspan="4">在各接线鼻之间测量直流电阻，对于25、35、50、70、95、120mm² 的各种截面，平均每米的电阻值应分别小于0.79、0.56、0.40、0.28、0.21、0.16mΩ</td><td>同一批次抽测，不少于2条，接线鼻与软导线压接的应做该试验</td></tr>
<tr><td rowspan="4">B. 操作棒的工频耐压试验</td><td rowspan="4">5年</td><td rowspan="2">额定电压（kV）</td><td rowspan="2">试验长度（m）</td><td colspan="2">工频耐压（kV）</td><td rowspan="4">试验电压加在护环与紧固头之间</td></tr>
<tr><td>1min</td><td>5min</td></tr>
<tr><td>10</td><td>—</td><td>45</td><td>—</td></tr>
<tr><td>35</td><td>—</td><td>95</td><td>—</td></tr>
<tr><td>3</td><td>个人保安线</td><td>成组直流电阻试验</td><td>不超过5年</td><td colspan="4">在各接线鼻之间测量直流电阻，对于10、16、25mm² 各种截面，平均每米的电阻值应小于1.98、1.24、0.79mΩ</td><td>同一批次抽测，不少于两条</td></tr>
<tr><td rowspan="4">4</td><td rowspan="4">绝缘杆</td><td rowspan="4">工频耐压试验</td><td rowspan="4">1年</td><td rowspan="2">额定电压（kV）</td><td rowspan="2">试验长度（m）</td><td colspan="2">工频耐压（kV）</td><td rowspan="4"></td></tr>
<tr><td>1min</td><td>5min</td></tr>
<tr><td>10</td><td>0.7</td><td>45</td><td>—</td></tr>
<tr><td>35</td><td>0.9</td><td>95</td><td>—</td></tr>
</table>

续表

<table>
<tr><th>序号</th><th>器具</th><th>项目</th><th>周期</th><th colspan="4">要求</th><th>说明</th></tr>
<tr><td rowspan="10">5</td><td rowspan="10">核相器</td><td rowspan="3">A. 连接导线绝缘强度试验</td><td rowspan="3">必要时</td><td>额定电压（kV）</td><td colspan="2">工频耐压（kV）</td><td>持续时间（min）</td><td rowspan="3">浸在电阻率小于 100 Ω·m水中</td></tr>
<tr><td>10</td><td colspan="2">8</td><td>5</td></tr>
<tr><td>35</td><td colspan="2">28</td><td>5</td></tr>
<tr><td rowspan="3">B. 绝缘部分工频耐压试验</td><td rowspan="3">1年</td><td>额定电压（kV）</td><td>试验长度（m）</td><td>工频耐压（kV）</td><td>持续时间（min）</td><td rowspan="3"></td></tr>
<tr><td>10</td><td>0.7</td><td>45</td><td>1</td></tr>
<tr><td>35</td><td>0.9</td><td>95</td><td>1</td></tr>
<tr><td rowspan="3">C. 电阻管泄漏电流试验</td><td rowspan="3">半年</td><td>额定电压（kV）</td><td>工频耐压（kV）</td><td>持续时间（min）</td><td>泄漏电流（mA）</td><td rowspan="3"></td></tr>
<tr><td>10</td><td>10</td><td>1</td><td>≤2</td></tr>
<tr><td>35</td><td>35</td><td>1</td><td>≤2</td></tr>
<tr><td>D. 动作电压试验</td><td>1年</td><td colspan="4">最低动作电压应达 0.25 倍额定电压</td><td></td></tr>
<tr><td rowspan="3">6</td><td rowspan="3">绝缘罩</td><td rowspan="3">工频耐压试验</td><td rowspan="3">1年</td><td>额定电压（kV）</td><td colspan="2">工频耐压（kV）</td><td>时间（min）</td><td rowspan="3"></td></tr>
<tr><td>10 及以下</td><td colspan="2">30</td><td>1</td></tr>
<tr><td>35</td><td colspan="2">80</td><td>1</td></tr>
<tr><td rowspan="5">7</td><td rowspan="5">绝缘隔板</td><td rowspan="2">A. 表面工频耐压试验</td><td rowspan="2">1年</td><td>额定电压（kV）</td><td colspan="2">工频耐压（kV）</td><td>持续时间（min）</td><td rowspan="2">电极间距离 300mm</td></tr>
<tr><td>35 及以下</td><td colspan="2">60</td><td>1</td></tr>
<tr><td rowspan="3">B. 工频耐压试验</td><td rowspan="3">1年</td><td>额定电压（kV）</td><td colspan="2">工频耐压（kV）</td><td>持续时间（min）</td><td rowspan="3"></td></tr>
<tr><td>10 及以下</td><td colspan="2">30</td><td>1</td></tr>
<tr><td>35</td><td colspan="2">80</td><td>1</td></tr>
<tr><td rowspan="3">8</td><td rowspan="3">绝缘胶垫</td><td rowspan="3">工频耐压试验</td><td rowspan="3">1年</td><td>电压等级</td><td colspan="2">工频耐压（kV）</td><td>持续时间（min）</td><td rowspan="3">使用于带电设备区域</td></tr>
<tr><td>高压</td><td colspan="2">15</td><td>1</td></tr>
<tr><td>低压</td><td colspan="2">3.5</td><td>1</td></tr>
<tr><td rowspan="2">9</td><td rowspan="2">绝缘靴</td><td rowspan="2">工频耐压试验</td><td rowspan="2">半年</td><td>工频耐压（kV）</td><td colspan="2">持续时间（min）</td><td>泄漏电流（mA）</td><td rowspan="2"></td></tr>
<tr><td>15</td><td colspan="2">1</td><td>≤7.5</td></tr>
<tr><td rowspan="3">10</td><td rowspan="3">绝缘手套</td><td rowspan="3">工频耐压试验</td><td rowspan="3">半年</td><td>电压等级</td><td>工频耐压（kV）</td><td>持续时间（min）</td><td>泄漏电流（mA）</td><td rowspan="3"></td></tr>
<tr><td>高压</td><td>8</td><td>1</td><td>≤9</td></tr>
<tr><td>低压</td><td>2.5</td><td>1</td><td>≤2.5</td></tr>
</table>

续表

序号	器具	项目	周期	要求				说明
11	绝缘夹钳	工频耐压试验	1年	额定电压(kV)	试验长度(m)	工频耐压(kV)	持续时间(min)	
				10	0.7	45	1	
				35	0.9	95	1	
12	绝缘绳	高压	每6个月1次	105kV/0.5m				
13	低压验电器	耐压试验、启动试验	1年	低压验电器绝缘杆经 2.5kV 绝缘电阻试验，不得低于 2MΩ；启动电压为额定电压的 10%～25%				低压测电笔启辉电压为 50～90V

注 安全工器具的试验方法参照《电力安全工器具预防性试验规程（试行）》（国电发〔2002〕777号）的相关内容。

附录J　（规范性附录）标识牌式样

标识牌式样

名称	悬挂处	式样		
		尺寸（mm）	颜色	字样
禁止合闸，有人工作！	一经合闸即可送电到施工设备的断路器（开关）和隔离开关（刀闸）操作把手上	200×160和80×65	白底，红色圆形斜杠，黑色禁止标志符号	红底白字
禁止合闸，线路有人工作！	线路断路器（开关）和隔离开关（刀闸）把手上	200×160和80×65	白底，红色圆形斜杠，黑色禁止标志符号	红底白字
禁止分闸！	接地刀闸与检修设备之间的断路器（开关）操作把手上	200×160和80×65	白底，红色圆形斜杠，黑色禁止标志符号	红底白字
在此工作！	工作地点或检修设备上	250×250和80×80	衬底为绿色，中有直径200mm和65mm白圆圈	黑字，写于白圆圈中
止步，高压危险！	施工地点临近带电设备的遮栏上，室外工作地点的围栏上，禁止通行的过道上，高压试验地点，室外构架上，工作地点临近带电设备的横梁上	300×240和200×160	白底，黑色正三角形及标志符号，衬底为黄色	黑字
从此上下！	作业人员可以上下的铁架爬梯上	250×250	衬底为绿色，中有直径200mm白圆圈	黑字，写于白圆圈中
从此进出！	室外工作地点围栏的出入口处	250×250	衬底为绿色，中有直径200mm白圆圈	黑体黑字，写于白圆圈中
禁止攀登，高压危险！	高压配电装置构架的爬梯上，变压器、电抗器等设备的爬梯上	500×400和200×160	白底，红色圆形斜杠，黑色禁止标志符号	红底白字

注　在计算机显示屏上一经合闸即可送电到工作地点的断路器（开关）和隔离开关（刀闸）的操作把手处所设置的“禁止合闸，有人工作!”“禁止合闸，线路有人工作!”和“禁止分闸”的标记可参照表中有关标识牌的式样。

附录 K （资料性附录）主要营销现场作业类型与风险等级对应关系

主要营销现场作业类型与《国家电网有限公司作业安全风险预警管控工作规范》定义的风险等级对应关系

序号	工作分类	作业类型	《规范》对应工作内容	营销安规对应风险等级	宜使用的书面记录种类	建议使用的书面记录及监控方式
1	电能计量	高压互感器更换	涉及不超过4个专业、或2个单位、或4个班组、或作业人员超过30人的风险等级不超过三级的大型复杂作业	四级	变电、配电第一种工作票	工作票及布控球
2	电能计量	低压互感器更换		四级	变电、配电第一/第二种工作票	10(6)kV工作票及布控球、400V工作票及行为记录仪
3	电能计量	互感器现场校验		四级	变电、配电第一种工作票	工作票及布控球
4	电能计量	接线盒更换		四级	变电、配电第一种工作票	工作票及布控球
5	电能计量	变电站电能表、终端装拆及更换		四级	变电第二种工作票	工作票及布控球
6	电能计量	变电站电能表现场检验		四级	变电第二种工作票	工作票及布控球
7	电能计量	变电站内二次回路现场检测		四级	变电第二种工作票	工作票及布控球
8	电能计量	变电站计量装置故障处理		四级	变电第二种工作票	工作票及布控球

续表

序号	工作分类	作业类型	《规范》对应工作内容	营销安规对应风险等级	宜使用的书面记录种类	建议使用的书面记录及监控方式
9	电能计量	经互感器接入式高压电能表、终端装拆及更换	单一班组、单一专业、或作业人员不超过5人的风险等级不超过二级检修作业	五级	配电第二种工作票	工作票及行为记录仪
10	电能计量	经互感器接入式高压电能表现场检验		五级	配电第二种工作票	工作票及行为记录仪
11	电能计量	二次回路现场检测		五级	配电第二种工作票	工作票及行为记录仪
12	电能计量	经互感器接入式高压计量装置故障处理		五级	配电第二种工作票	工作票及行为记录仪
13	电能计量	计量箱更换、安装	安装电表箱、爬墙线	四级	低压工作票	工作票及行为记录仪
14	电能计量	低压采集运维	不需要高压线路、设备停电或做安全措施的配电运维一体化工作	五级	低压工作票或其他书面形式	现场作业工作卡
15	电能计量	低压电能表、集中器的新装、更换、拆除		五级	低压工作票	工作票及行为记录仪
16	电能计量	集中器的新装、更换、拆除		四级	配电第一/第二种工作票	工作票及行为记录仪
17	电能计量	低压计量装置故障处理		五级	低压工作票	工作票及行为记录仪
18	电能计量	低压电能表现场检验		五级	低压工作票	工作票及行为记录仪

续表

序号	工作分类	作业类型	《规范》对应工作内容	营销安规对应风险等级	宜使用的书面记录种类	建议使用的书面记录及监控方式
19	智能用电	充换站建设	根据工作条件确定风险等级	五级或四级	现场作业工作卡	现场作业工作卡及行为记录仪
20	智能用电	充换电设备检修		五级或四级	现场作业工作卡	现场作业工作卡及行为记录仪
21	智能用电	充换电设备应急抢修		五级或四级	现场作业工作卡	现场作业工作卡及行为记录仪
22	营业业扩	高压业扩报装竣工验收		五级或四级	现场作业工作卡或配电第二种工作票	现场作业工作卡
23	营业业扩	高压业扩报装(停)送电		五级或四级	现场作业工作卡或配电第一种工作票	现场作业工作卡及行为记录仪
24	营业业扩	分布式电源并网验收调试		五级或四级	现场作业工作卡或低压工作票	现场作业工作卡及行为记录仪
25	营业业扩	低压业扩		五级或四级	低压工作票	现场作业工作卡及行为记录仪
26	营业业扩	分布式电源现场勘查	单一班组、单一专业、或作业人员不超过5人的风险等级不超过二级检修作业	五级	现场作业工作卡	现场作业工作卡
27	营业业扩	高压新装现场勘查		五级	现场作业工作卡	现场作业工作卡
28	营业业扩	高压增容现场勘查		四级	现场作业工作卡	现场作业工作卡及行为记录仪
29	营业业扩	高压业扩中间检查(上门服务)		五级	现场作业工作卡	现场作业工作卡
30	营业业扩	地方电厂并网验收		五级	现场作业工作卡	现场作业工作卡
31	用电检查	重要客户现场安全检查		五级	现场作业工作卡	现场作业工作卡
32	用电检查	周期检查、专项检查		五级	现场作业工作卡	现场作业工作卡

续表

序号	工作分类	作业类型	《规范》对应工作内容	营销安规对应风险等级	宜使用的书面记录种类	建议使用的书面记录及监控方式
33	用电检查	窃电、违约用电查处	单一班组、单一专业、或作业人员不超过5人的风险等级不超过二级检修作业	五级	现场作业工作卡 或相应电压等级下的工作票	现场作业工作卡
34	用电检查	按政府要求协助重大活动相关客户开展巡视值守		五级	现场作业工作卡	现场作业工作卡
35	综合能源	综合能效、多能服务、新能源（屋顶光伏）建设、智能运维	根据工作条件确定风险等级	五级或四级	现场作业工作卡	现场作业工作卡
36	电能替代	港口岸电、煤锅炉（窑炉）电能替代、电制冷及采暖	根据工作条件确定风险等级	五级或四级	现场作业工作卡	现场作业工作卡

注 本表所列的营销现场作业对应的风险等级和宜使用的书面记录种类，应根据现场实际情况确定。表中未列出的营销现场工作应以正文相关规定和相关作业指导文件为准。

附录L （资料性附录）二次工作安全措施票格式

二次工作安全措施票

单位________________ 编号____________

<table>
<tr><td colspan="3">被试设备名称</td><td colspan="3"></td></tr>
<tr><td>工作负责人</td><td></td><td>工作时间</td><td>月 日</td><td>签发人</td><td></td></tr>
<tr><td colspan="6">工作内容：</td></tr>
<tr><td colspan="6">安全措施：包括应打开计量接线盒电压、电流连片和端子排接线端子等二次回路相关营销工作，按工作顺序填用安全措施</td></tr>
</table>

序号	执行	安全措施内容	恢复

执行人：________ 监护人：________
恢复人：________ 监护人：________

附录 M （规范性附录）登高工器具试验标准表

登高工器具试验标准表

<table>
<tr><th>序号</th><th>名称</th><th>项目</th><th>周期</th><th colspan="2">要求</th><th colspan="2">说明</th></tr>
<tr><td rowspan="7">1</td><td rowspan="7">安全带</td><td rowspan="7">静负荷试验</td><td rowspan="7">1 年</td><td>种类</td><td>试验静压力（N）</td><td>载荷时间（min）</td><td rowspan="7">牛皮带试验周期为半年</td></tr>
<tr><td>坠落悬挂安全带</td><td>3300</td><td>5</td></tr>
<tr><td>围杆带</td><td>2205</td><td>5</td></tr>
<tr><td>围杆绳</td><td>2205</td><td>5</td></tr>
<tr><td>护腰带</td><td>1470</td><td>5</td></tr>
<tr><td>安全绳</td><td>2205</td><td>5</td></tr>
<tr><td>区域限制安全带</td><td>1200</td><td>5</td></tr>
<tr><td rowspan="2">2</td><td rowspan="2">安全帽</td><td>A. 冲击性能试验</td><td>按规定期限</td><td colspan="2">受冲击力小于 4900N</td><td colspan="2" rowspan="2">使用期限：从制造之日起，塑料帽≤2.5 年，玻璃钢帽≤3.5 年</td></tr>
<tr><td>B. 耐穿刺性能试验</td><td>按规定期限</td><td colspan="2">钢锥不接触头模表面</td></tr>
<tr><td>3</td><td>脚扣</td><td>静负荷试验</td><td>1 年</td><td colspan="2">施加 1176N 静压力，持续时间 5min</td><td colspan="2"></td></tr>
<tr><td>4</td><td>升降板</td><td>静负荷试验</td><td>半年</td><td colspan="2">施加 2205N 静压力，持续时间 5min</td><td colspan="2"></td></tr>
<tr><td>5</td><td>梯子</td><td>静负荷试验</td><td>半年</td><td colspan="2">施加 1765N 静压力，持续时间 5min</td><td colspan="2"></td></tr>
<tr><td>6</td><td>缓冲器</td><td>静荷试验</td><td>1 年</td><td colspan="2">1. 悬垂状态下末端挂 5kN 重物，测量缓冲器端点长度。
2. 两端受力点之间加载 2kN 保持 2min，卸载 5min 后检查缓冲器是否打开，并在保持测量两端点之间长度，悬垂状态下末端挂 5kN 重物，测量缓冲器端点长度</td><td colspan="2">标准来自于 GB 6096—2009《安全带测试方法》4.11.2 条</td></tr>
</table>

注 安全帽在使用期满，抽查合格后该批次方可继续使用，以后每年抽验一次。
登高工器具的试验方法参照《电力安全工器具预防性试验规程（试行）》国电发〔2002〕777 号的相关内容。